マンガ 心理学入門

現代心理学の全体像が見える

ナイジェル・C・ベンソン 著

清水佳苗 訳
大前泰彦

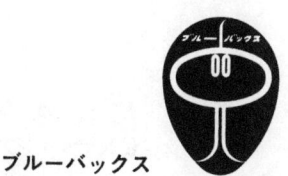

INTRODUCING Psychology

by Nigel C. Benson

Text and illustrations copyright © 1998 Nigel C. Benson

Japanese translation published by arrangement with
Icon Books Ltd. through The English Agency (Japan) Ltd.

カバー装幀／芦澤泰偉事務所
目次デザイン／バッドビーンズ
カバーイラスト／© Nigel C. Benson

CONTENTS

心理学とは何か？..........11
- 定義..........12
- 心理学に含まれるものは？..........14
- 心理学の区分..........15
- 心理学それとも精神医学？..........16
- 心理学は科学なのか？..........17

方法論..........18
- 研究方法：1．実験..........19
- 研究方法：2．観察..........20
- 研究方法：3．調査..........21
- 研究方法：4．事例研究（あるいは事例史）..........22
- 研究方法：5．相関関係..........23
- 相関の程度と有意..........24
- そのほかの方法論的問題..........25
- 哲学的方法..........27
- カール・ポパー..........28
- 科学の進展..........29
- なぜ、いかなるものも証明できないのか..........30
- 確かなものは何もない..........31
- 心理学における確率..........32

心理学の誕生..........33
- ヴントに対する評価..........34

心理学以前..........35
- デカルトの精神と肉体の問題..........36
- 連合主義..........38
- 超越論..........39
- 功利主義..........40

コントの実証主義..........41
初期の脳研究技術..........42
ダーウィンの進化論..........43
自然淘汰..........44
進化の重要性..........45
今日の進化..........46
ゴールトンの貢献..........47
正規分布..........48
相関関係..........49
構成主義と機能主義..........50
最初の機能主義者..........52

さまざまな観点..........55
1. 精神力動的観点..........56
①意識、前意識、無意識..........57
②リビドー..........58
③イド、エゴ、スーパーエゴ..........59
④精神＝性的発達段階..........61
⑤防衛機制..........65
フロイト説の根拠..........67
フロイトに対する評価..........67
2. 行動主義的観点..........68
学習理論——古典的条件づけ..........69
パブロフの有名な実験..........70
さらなる実験..........71
行動療法..........72
性欲異常..........75

ソーンダイクと結合主義..........78
学習曲線と学習の法則..........79
ワトソンの行動主義..........80
ワトソンの実験..........81
で、その後ワトソンはアルバートを治したのか？..........82
ピーターとウサギ..........83
スキナーの行動主義..........84
オペラント条件づけ..........85
部分強化のスケジュール..........86
なぜ罰は、たいてい効果がないのか..........88
「ほうび」と「罰」とは何か？..........90
定義づけから実行まで..........91
「問題児」..........92
3段階訓練法..........93
行動変容..........94
教育に対するスキナーの貢献..........95
社会的学習理論..........96
ボボ人形の実験..........97
バンデューラの実験結果..........98
「モデリング」..........99

3. 認知的観点..........100

ゲシュタルト心理学..........101
心の能動性..........102
ゲシュタルト心理学者..........103
コフカとケーラー..........105
洞察学習理論（あるいは「認知的学習」）..........106
知覚に関するゲシュタルトの基本原理..........107

ゲシュタルトの応用……109
  場の理論……110
  認知心理学の動き……112
4. 人間性心理学的観点……115
  人間性心理学の哲学……116
  マズロー……117
  欲求のヒエラルキー……118
  ヒエラルキーの応用……119
  ロジャーズ……120
  ロジャリアンのセラピー……121
  自己概念……122
5. 生物心理学的観点……123
  脳の機能地図……124
  「分離脳」の実験……126
  脳の研究……127
  その他の脳の研究技術……128
  神経系……130
  内分泌系……132
  遺伝学……136
6. 社会的および文化的観点……139
  文化とは何か？……140
  文化的分析……141
  自民族中心主義……142
  異文化間研究……143
発達心理学……144
  ピアジェ……144
  ボウルビー……153

ボウルビーに対する評価……**156**
社会心理学……**157**
　　　態度……**160**
　　　集団行動……**161**
比較心理学……**163**
　　　動物社会……**164**
　　　コミュニケーション……**165**
　　　攻撃性……**166**
個人差心理学……**167**
　　　精神病理学……**168**
　　　知能……**169**
　　　IQ論争……**170**
　　　パーソナリティ……**172**

今日の心理学……**173**
　　　人間に関する研究の倫理……**174**
　　　動物に関する研究の倫理……**175**

簡潔なガイド
——さらに問題を検討し、心理学を応用していくために……**176**

心理学とは何か？

「心理学」(Psychology) ということばは、**サイキ** (psyche) と**ロゴス** (logos) という2つのことばからできている。サイキの語源はギリシャ語の $\psi\upsilon\chi\eta$。「生命息」つまり「魂」という意味で、広くは心と訳すことができる。

そして、ロゴスは、知識、研究のこと。オロジー (ology) のつくものはすべて学問なのだ！

ギリシャ神話で、サイキは蝶の姿で描かれた。サイキは愛の神エロス（ローマ神話ではキューピッド）の妻になった。

訳注：サイキ（プシュケー）は絶世の美女の名。

ギリシャ文字のΨ（psiと書いて「プサイ」と発音する）は、現在でも心理学のシンボルとして国際的に使われている。

このことからもわかるとおり、心理学はもともと**心を研究する学問**だった。

だが、今日、大多数の心理学者はそのような定義は使わない。

定義

たいていの心理学者は、まっとうな心理学といかがわしい心理学の区別をはっきりさせようと、一生懸命だ。

では、心理学者たちは「心理学」をどのように定義しているのか？　実は、みなが認める定義を見つけるのは難しい。科学的であること、つまり、考え方をごちゃまぜにしないことが重要、との意見でおおむね一致するのだが、それがどういうことなのか、必ずしもはっきりしない。

もう一つの難問は、実際問題として「心」を直接に研究するということだ（「そんなこと不可能だ」という人もいるが……）。実際、「心」を定義しようとすることさえ、とても難しいことだ。心理学者のなかには、この難問を完全に避けてとおった者がいた。特に、B・F・スキナーやJ・B・ワトソンらの行動主義者たちがそうだ。

そこで、研究を実践するにあたって心理学者のほとんどが、肉体的変化を含めた人の行動のなかで、**観察・測定が可能なもの**に専念することになる。それでも、行動主義者たちの極論にもかかわらず、依然として「心」がテーマの中心だ、と一般的に考えられている。

したがって、一般的には、取りあえず次のような定義が受け入れられている。

> **心理学とは、人間および動物の心と行動を科学的に研究する学問である。**

その定義って、社会学にもあてはまるんじゃない?

同じことです。ただし、社会学は一般的に、社会やサブカルチャーにおける人の大きな集団を研究するものなのです。

社会学に対して、心理学は、主に個人や、社会心理学が対象とする小さな集団を扱う。

それぞれが用いる方法も違う。心理学では実験が重要視される。一方、社会学では、実験は現実的にも倫理的にもいつでもできるわけではないので、観察と調査のほうが一般的によく用いられる。

心理学に含まれるものは？

自然科学とは異なって、心理学には統一的理論も特別な研究法もない。

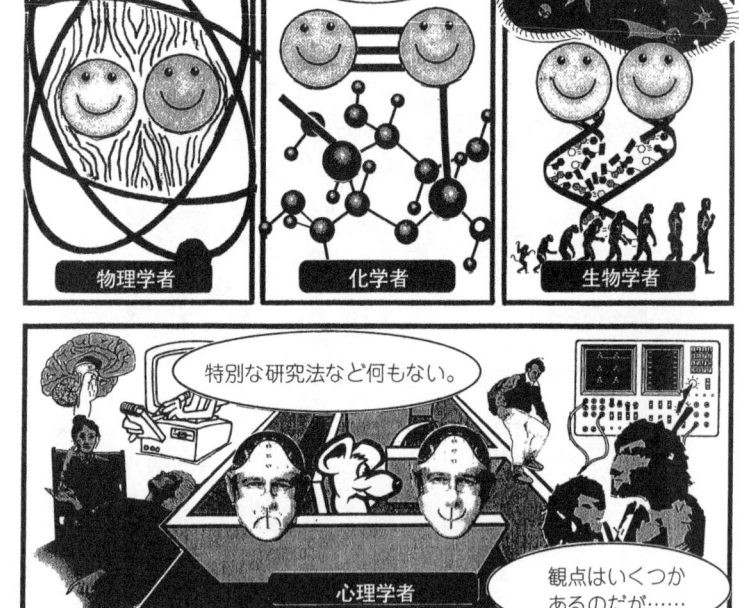

心理学の6つの主な研究法、あるいは観点をみてみよう。それは精神力動的、行動主義的、認知（ゲシュタルトを含む）的、人間性心理学的、生物心理学的、社会的文化的観点である。

心理学の区分

異なった観点に加えて、大学の学部では、研究テーマもさまざまな分野に分けられている。典型的な区分は次のとおり。

心理学受付

(1)発達心理学
(2)社会心理学
(3)比較心理学
(4)個人差心理学
(5)認知心理学
(6)生物心理学
(7)健康心理学
(8)組織心理学

(ささやき声で)すみませんが、精神力動科はどちらですか?

地下へ降りて裏口からお入りください。

心理学者としての資格を得るには、学位レベルでの認定資格（たとえば、理学士研究課程修了など）と関連する専門学会の会員資格が必要である。たとえば次のようなものがある。

イギリス心理学会（BPS、1901年創設）
アメリカ心理学協会（APA、1893年創設）
アメリカ心理学会（APS、1988年創設）

注）日本では日本臨床心理士資格認定協会、日本カウンセリング学会、日本教育心理学会、日本心理学会などがそれぞれ独自の資格を定めている。

心理学それとも精神医学?

この2つはよく混同されるが、簡単にいえば違いは次のとおりである。

精神科医は、医学部の学位に加えて精神科専門医の資格をもち、医学会に所属する（といってもただ薬を処方する権限をもつに過ぎないが）。一方、一部の心理学者は、特別の訓練を受けて精神障害をもつ人々の治療を専門にしている（臨床心理学者たちのことだ）。

臨床心理学者として認可を受けるためには、心理学の学位で優れた成績を修めることに加えて、保育、ソーシャルワーク、あるいは看護など心理学との関連ある仕事についていた経験と認定された臨床資格（たとえばイギリス心理学会が認める修了証書や修士号）が必要である。

臨床心理学者のなかには、伝統的な精神科医と同じように精神分析に基づいてセラピーを行う者もいるが、一方では行動療法や行動変容理論を用いる者もいる。（これらのセラピーについては、あとで述べる。）

心理学は科学なのか?

先に述べた心理学の定義のなかに「科学的に研究する学問」とあることから、そもそも「科学とは何か?」という疑問が出てくる。たいていの人は、「科学」ということばから、試験管や複雑な測定器具などを備えた実験室を思い浮かべる。これはもっともな話だ。なぜなら、科学は**実験**の重要性を強調するが、その実験は、厳密にコントロールされた条件の下でしか実施できないからだ。

実験は、あらゆる科学的テーマにおいて、**結果の原因を見つける**ために行われるものだ。

だから、心理学者は、単なる実験以外の研究**方法**をいろいろ用いなければならないのだ。

方法論

研究方法に関する理論的考察を「方法論」と呼ぶ。これには2つの側面がある。
(a) どの研究方法を用いるべきかを考える、より現実的側面。
(b) **科学**の本質自体を問う、より**哲学的**な側面。

現実的方法論から始めよう。

それぞれの方法では、さまざまな**テクニック**が用いられる。

たとえば、録音テープやビデオテープによる記録、アンケート、インタビュー、テスト、測定などである。

研究方法：1. 実験

トリプレットは社会心理学の実験を世界で初めて行い（1898）、少年は1人のときより2人のときのほうが釣りのリールを速く巻き取るという仮説（予想）をテストした。

おもちゃの馬を釣り上げて、リールを150回巻き取る平均時間
（実際の時間は示されていない）

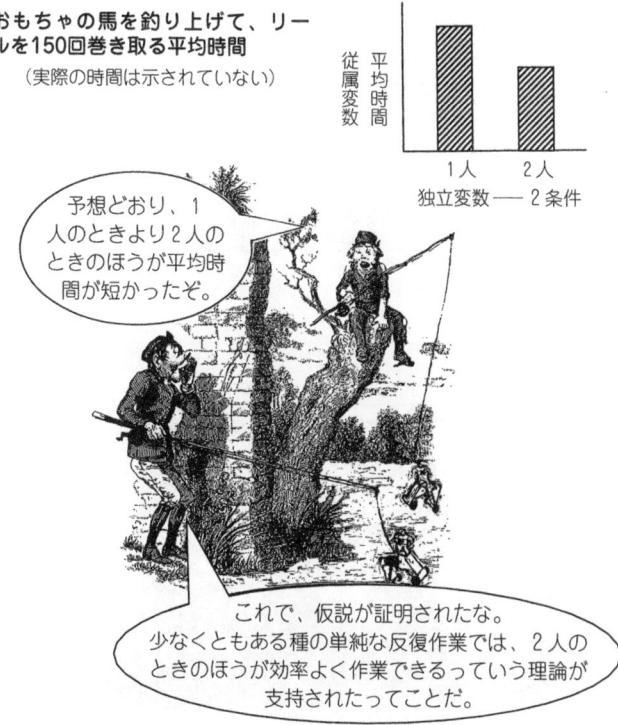

予想どおり、1人のときより2人のときのほうが平均時間が短かったぞ。

これで、仮説が証明されたな。少なくともある種の単純な反復作業では、2人のときのほうが効率よく作業できるっていう理論が支持されたってことだ。

ここには、すべての実験の特質が含まれている。つまり「原因」変数（独立変数）を変化させて、「結果」（従属変数）を測定するとき、同時にほかのすべての変数は変化しないよう**コントロールする**のである。これには不都合な点が2つある。つまり、他の変数がほとんど無意味なものだったり、人為的なものだったりする場合がある。

研究方法：2. 観察

子どもたちを調べる場合、家庭、校庭、保育所などの、より「自然な」環境における行動を観察することによって、多くの情報が得られる。マキンタイア（1972）はあらかじめ決定された評定法にしたがって2歳から4歳の子どもの攻撃性を観察した。結果のいくつかを次に示す。

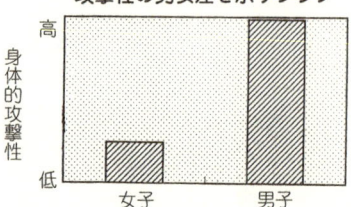

（単純化されたデータ：実際の測定値は示されていない）

考えられる結論は、若年層では男子のほうが女子よりも攻撃性が高いってこと。

この結論によって、男性は女性より攻撃性が高いという一般論が支持される（マッコビーとジャクリン、1974）。

しかし、これは実験ではなかった（独立変数つまり「原因」変数もない）ので、性の違いが攻撃性の「原因」だと確信をもって言い切ることはできない。また、親のしつけ、読書、テレビや映画など、研究者がコントロールできない多くの変数もあった。

研究方法:3. 調査

典型的な調査としては、**アンケートやインタビュー**などをしばしば用いて**多くの人々**の態度などを測定する手法がある。一例を挙げれば、ウェリングスらが行った、「性的な態度とライフスタイルに関する国民調査」がある。これは、『英国における性行動』という題名で、1994年に出版されている。

その調査の「夫婦生活や恋愛関係において、友好と愛情はセックスよりも重要である」という記述に対する賛否は、

結果

	賛成または 強く賛成	賛成でも 反対でもない	反対または 強く反対	質問対象となった サンプル数
男性	**67.2%**	22.0%	10.8%	2079
女性	**68.4%**	21.7%	9.9%	2563

結論

> さまざまなメディアでセックスの重要性が強調されるなかで(ブラント、1982)、夫婦・恋愛関係においてセックスは最も重要なものではない、と考える回答者がかなり多いということは注目に値するだろう。

調査、いや実はあらゆる研究には、**信頼性**と**妥当性**という2つの問題が常についてまわる。つまり、何度繰り返しても同じ結果が出て、なおかつそのデータが正確だ、ということである。

研究方法：4．事例研究（あるいは事例史）

事例研究とは、特定の個人（あるいは家族のような小集団）に関する非常に詳細な報告である。オリバー・サックス（1970）は、1人の教養ある人気音楽家の事例を発表した。痛ましいことだが、成人期の脳損傷のために、もはや彼は人やものを認識できなくなっていた。

彼は手を伸ばして、妻の頭をつかみ、持ち上げて自分の頭にかぶろうとした。明らかに、彼は妻を帽子と間違えたのだ！

このような神経学的事例研究を通じて、脳について多くのことが明らかになる。上の例では、脳の特定の領域が、視覚、認識、記憶を、どのようにコントロールしているかがわかる。このように、事例（あるいは「臨床」）研究は、認知心理学においてたいへん役立つものであり、また精神分析の基礎となるものである。

研究方法：5.相関関係

　これは、2つ（あるいはそれ以上）の変数間の関係を測定するものである。相関関係には、正の相関、無相関（ゼロ）、負の相関の3つのタイプがあり、次の散布図のように示される。

正の相関とは、一方の変数が増加するにつれて、他方の変数も増加する関係。たとえば、一卵性双生児の知能を測定すると、右図のようになる。

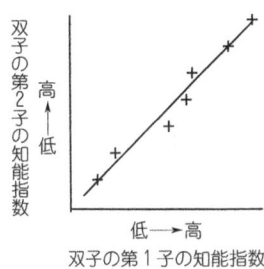

無相関とは、正の相関も負の相関もない関係。たとえば、そばかすと知能の関係は右図のようになる。

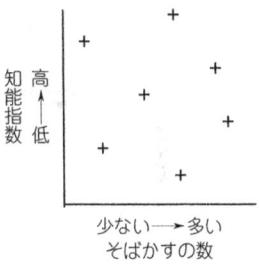

負の相関とは、一方の変数が増加するにつれて、他方の変数が減少する関係。たとえば、人が年をとるにつれて、頭髪の数が減少する関係は、右図のようになる。

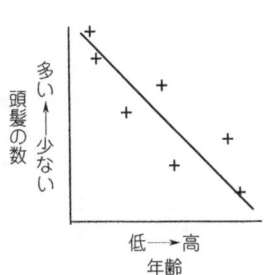

相関の程度と有意

相関関係は、数値としても示される。

-1.0|.9|.8|.7|.6|.5|.4|.3|.2|.1|0|.1|.2|.3|.4|.5|.6|.7|.8|.9|1.0+

おおよその見当で、0.6 か 0.7 以上、−0.6 か −0.7 以下をふつう有意であるとする。

しかし、忘れてはならないもっとも重要なことは、**相関関係は因果関係を示すものではない**、ということだ。よくある誤解から深刻な事態が、イタリアで起こった。1980年代初頭、不審な死が相次ぎ、高い死亡率とオリーブ・オイルの消費量に正の相関がみられた。政府は、オリーブ・オイルに毒性があるとの性急な結論を出したが、後の調査で、原因は殺虫剤で汚染されたトマトと判明した。

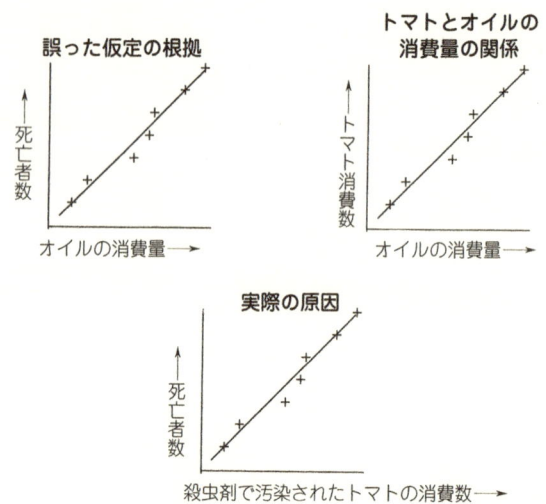

また、偶然起こる**見せかけ**の相関関係という問題もある。たとえば、アルコール売上量の増加と牧師が購入する自転車数の増加の関係などである。

そのほかの方法論的問題

いずれの方法を用いるかを決定するだけでなく、選ばれた**サンプル**が量的にも質的にも適切かどうか、また、収集されたデータが**信頼性**と**妥当性**を備えているかどうか、を心理学者はチェックしなければならない。

サンプリング（標本抽出）とは、調査のために、**調査対象者**（被験者）を選び出すことである。調査対象となる「母集団」全体をテストすることなど不可能に近いから、代表として「サンプル」が用いられる。抽出法には、主に次の3つの方法がある。

無作為抽出では、対象となる「母集団」のなかのひとりひとりが選ばれるチャンスは平等である。これによって典型的な調査対象者が選ばれるはずである。

たとえば、帽子のなかに名前を書いた紙を入れて、よく混ぜてから30枚選ぶ。

割り当て抽出では、3つの異なった年齢のグループから20人を選び出すというように、特定のグループから一定数のサンプルを選び出して用いる。このテクニックは、「世論調査」などで好んで用いられる。たとえば、いくつかの町からサンプルを選び有権者の意思を調査するのも割り当て抽出である。

便宜的抽出は、「その時点で可能な人ならだれでもよい」という方法である。もちろん、偏った結果を生むこともある。（たいていの心理学調査には大学生が使われる！）

信頼性とは、「何度でも繰り返しても一貫性がある」ということである。信頼性のある検査では、条件が同じなら、同じ結果が出てくるはずだ。信頼性の有無は、研究結果を別の研究結果と比べて相関関係を見ることで検証できる。多くの検査は、このようにして**標準化**されていく。

　しかし、検査や測定に信頼性があるからといって妥当性があることにはならない。

　妥当性があるとは、実施された検査や測定が意図されたことを本当に測定しているということである。たとえば、ＩＱテストは「知能」を測定する。（ときとして異論もあるが！）

測定に「信頼性」はあるが「妥当性」がないとはどういうことか。それは、安物のプラスチック定規にたとえられる。

ある一定の長さをいつも同じ長さとして測れても、それが必ずしも正確とは限らない……

ぼくのは君のより長いぞ！

君の定規には、確かに何回測っても同じという**信頼性**があるかもしれないが、それは、正確だという**妥当性**じゃないよ！

哲学的方法

　方法論には、哲学的側面もある。それは、根源的な疑問を問うものだ。「あることが真実かどうかを、どのようにして知ることができるのか？」「その理論は正しいか？」「そもそも、何かを証明することなどできるのか？」「科学とは何か？」

　測定を行い、物事を説明する**理論**を構築する、この二つのプロセスがともに機能したものが科学である。今日、多くの人はこう考えている。このようなアプローチは明々白々だと思われるかもしれないが、いつもそうだったわけではない。

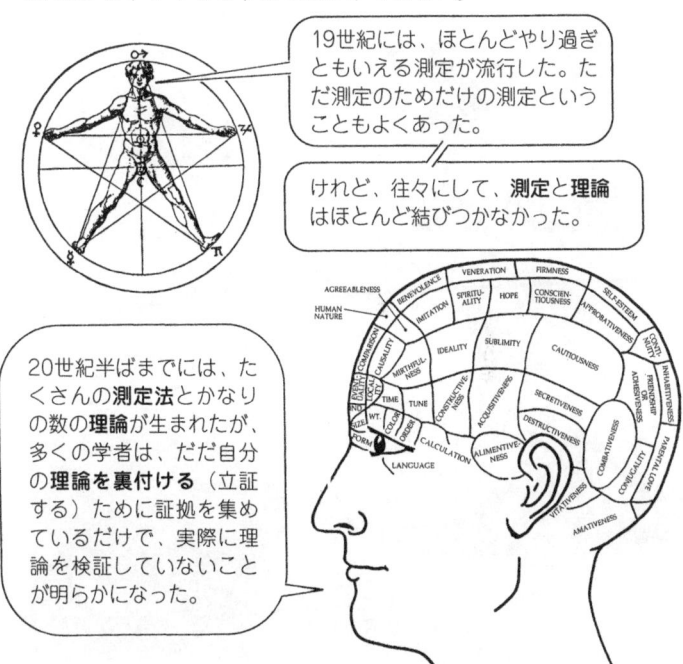

19世紀には、ほとんどやり過ぎともいえる測定が流行した。ただ測定のためだけの測定ということもよくあった。

けれど、往々にして、**測定**と**理論**はほとんど結びつかなかった。

20世紀半ばまでには、たくさんの**測定法**とかなりの数の**理論**が生まれたが、多くの学者は、ただ自分の**理論を裏付ける**（立証する）ために証拠を集めているだけで、実際に理論を検証していないことが明らかになった。

　そこで、**理論**を**検証**する方法を発見することが必要となった。単純にいえば、**科学的理論**と**非科学的理論**のちがいは何か？　ということである。それを決定する方法を、ひとりの男が示してくれた。

カール・ポパー

カール・ポパー（1902〜94）は、理論のなかには**科学的**理論（つまり、反証できるもの）と**非科学的**理論（つまり、反証できないもの）がある、という一つの基準を作った。**非科学的理論**に含まれるものは、大部分の宗教的概念（たとえば、神の存在）、多くの政治的概念（マルクス主義、資本主義）、フロイト派的概念（たとえば、無意識の心の内容）、新聞に見られる毎日の星占いなどである。

あなたの問題は、あなたのイドとエゴの対立が引き起こしている……。

これはブルジョアジーとプロレタリアートの間の敵対によるものだ……

これは神と悪魔の対立によって説明がつく。

科学的理論とは**反駁できる**理論である。すなわち、**反証できる**ものである。

カール・ポパー

非科学的理論には、**すべてのこと**を説明できるという魅力がある。しかし、それが弱点でもあるのだ！　それらの理論を科学的に検証しようとするのは不可能で、したがってそれらは無意味ということになる！

科学の進展

ポパーの基準と、特殊な事例から一般的な説明を導く**帰納法**による理論の形成を合わせると、科学が進歩する一般的な過程ができあがる。

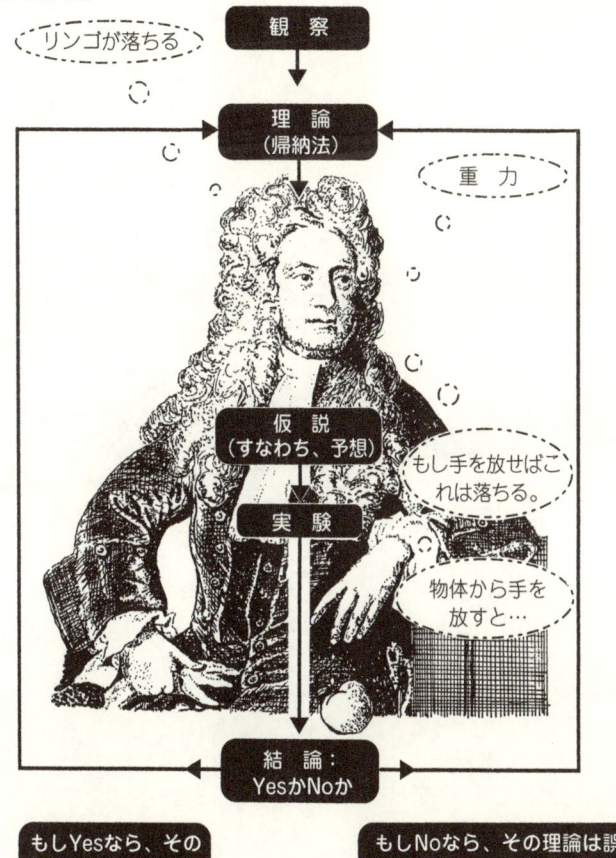

この過程でたいへん重要な側面を一つ挙げておこう。それは、理論は**反証**できるだけで**証明**はできない、ということだ。

なぜ、いかなるものも証明できないのか

日常生活のなかで、われわれはよく「証明する」ということばを使うが、厳密にいえば、**いかなるものも証明することはできない**。端的にいえば、どれだけ証拠を集めても**十分ではない**ためである。新たに相反する証拠が現れる可能性が常に存在する。

そこで、単に理論を**支持**するためのデータをたくさん集めるだけでは、あまり役立たない。優れた科学者は、理論に**論駁**するための証拠を探す。

科学は、法律に少し似ている。法廷のなかでさえも、ある人物が有罪だと**証明する**ことは不可能だ。結局、「合理的な疑いの余地がない」有罪としかいえない。これまでにも多くの有罪判決が、後に判明した新たな証拠によって逆転無罪となった！

科学において、ある理論が「正しい」とか「真実だ」とか確信することも決してできない——したがって、ある理論を次にもっと優れた理論が登場するまでの**有効性しかない**と考えておいたほうがよい。**ニュートンの重力理論**（物体の引力）は、**アインシュタインの重力理論**（宇宙のひずみ）にとって代わられた。

確かなものは何もない

より深遠な哲学的レベルにおいてさえ、将来のことは何ひとつ確かではない。あることが過去にいつも起こっていたという理由だけで、将来も確かに起こるとは限らない。

しかし、化学物質の反応を予測することは、比較的簡単だ。それに関する確率は、ふつう非常に高い。一方、人間は、それに比べてはるかに予測不可能の傾向がある！

心理学における確率

おおよその見当で、心理学者は95％の確かさを許容できるものとして用いる。5％の誤りの可能性は許すのである。できれば確実つまり、誤りの可能性はわずか1％しかない、というほうが望ましい。そういうわけで、心理学の研究は、通常、統計的に示される。

このような統計を計算するために、心理学者はさまざまな**統計検定**（tテスト、ウィルコクソン検定、マン-ホイットニー検定、カイ二乗検定など）を、状況に応じて用いる。

心理学の勉強を新たに始めた学生は、たいていこれらの統計に驚き、初めからやる気をなくすことがある。しかし、統計は科学的アプローチにとって必要不可欠なのである。いずれにしても、これらのテストが**なぜ**有効に作用するのか知る必要はなく、ただそういうものなのだと思うことである。統計検定は、仕事を成し遂げるための**手段**に過ぎない。

心理学の誕生

心理学は、公式には1879年に誕生した。その年、**ヴィルヘルム・ヴント**（1832～1920）が、ドイツのライプツィヒで、人間行動を研究するための、初の公認実験室を開いた。ヴントは、「実験心理学」ということばを初めて使った。

私の目標は、科学の新しい領域をうち立てることだ！

したがって、事実を研究するための第一歩は、事実を構成する個々の要素を記述することであらねばならない。

ヴントは**内観**（自己の精神状態の観察）という方法を用いた。彼は、訓練された学生たちに、次のような厳しいルールに従って自己の精神状態を観察させる、という実験を行なったのである。

(1) 自己の精神状態を観察するものは、その観察をいつ開始するかを決定できること。
(2) 観察をする者は、レディネス（準備ができている状態）または注意を張りつめた状態であること。
(3) 観察を数回繰り返せること。
(4) 実験の条件は、刺激を巧みにコントロールするという点に関して、変更可能なこと。

批評家は、極度に集中した自己観察によって学生たちが精神に異常をきたすのでは！と案じた。

ヴントに対する評価

ヴントは最初の実験を慎重に体系づけ、社会心理学を始めた。その探究は、言語、芸術、社会習慣、神話、法律、道徳にまで及んだ。

ヴントの名声は急速に広まった。彼のもとで学んだ弟子は、アメリカ、イタリア、ロシア、日本など、それぞれの国にもどって研究所を創った。

感覚、時間評価、反応時間、注意の範囲、情緒、言語連想など、当時ヴントが研究したテーマは、いまだに研究されています。

しかし、ヴントが実際に発見したことやその理論は、ほかの理論にとって代わられて今日ほとんど使われていません。内観は、あまりにも主観的すぎるとして使われなくなりました。

ヴントは、過去の非科学的思考を拒絶して心理学の基礎を築いた。これが彼に対する評価である。

心理学以前

　ヴントの意義は、新しい科学的アプローチをとったことだ。それ以前にも、ヴントが行ったと同様の多くの問いかけ、たとえば、記憶、学習、動機、知覚、夢、異常行動についてを、古代ギリシャ時代のソクラテス（紀元前469／470〜前399）以来多くの哲学者たちが行ってきた。

　しかし、ギリシャ人たちは、ものを**測定**することを嫌がった。プラトンもアリストテレスも、真実は行動よりも思索を通じて見つけられるもの、と信じていた。

プラトン（紀元前427？〜前347）　アリストテレス（紀元前384〜前322）

　アリストテレスの説は、キリスト教神学の盛んな中世において、西洋哲学を支配した。キリスト教の「心理」は、罪、犯罪、贖罪、権威をその第一義とするものであった、といえるだろう。

デカルトの精神と肉体の問題

最も直接心理学に貢献した哲学者として、**ルネ・デカルト**（1596〜1650）が挙げられる。デカルトは、『方法序説』（1637）と『省察録』（1641）のなかで、精神と肉体の問題に取り組んだ。デカルト以前は、心と体はまったく別個のもので（プラトンの物心二元論）、精神は肉体に影響を与えるが、その反対は**あり得ない**と信じられていた。

我思う、ゆえに我あり！

だが、精神の世界と肉体の世界はまったく関連のない別個のものなのだろうか？

私の答えはやはり二元論だが、肉体が精神に影響を与えることも認める二元論だ。

デカルトによれば、精神にはただひとつの機能すなわち、**思考**がある。(理性を重視するデカルトの考えは「合理主義」と呼ばれる。)さらに、精神は2種類の観念を生み出す。

> 派生的観念は、感覚に対する外からの刺激、たとえば、ベルの音が聞こえたり、木が見えたりすることによって生じるものだ。

> 生得観念は、精神や意識、たとえば、自己、完全、無限、神などから生じる。

このことが、**遺伝か環境かの論争**、つまり、ある行動が主として先天的なものか、それとも学習されたものかという論争へと発展した。「遺伝」という解釈に傾倒する人々は、「生得主義者」となった(この呼び名は、今日ではあまり使われていないが)。他方、学習あるいは「環境」を重視する人々もいた。

連合主義

ジョン・ロック（1632〜1704）は、『人間知性論』（1690）においてデカルトの生得観念を退け、精神は生まれたとき白紙状態だ（何も書かれてはいない）、とするアリストテレスに賛同した。

> それでは、精神が性格もいかなる観念もいっさいもたない、いうなれば、"白紙"だと仮定しよう……

> 理性や知識という"材料"はすべて、どこからやってくるのか？ これに対する私の答えをひとことで表せば、それは**経験**からである。

ロックは、正式に英国の経験論を創始し、連合の理論を生み出した。連合主義は、18世紀にジョージ・バークリー（1685〜1753）とデビッド・ヒューム（1711〜76）によって発展した。

ヒュームの説によれば、われわれは、たとえば、1個のビリヤード球が別の球にあたる、というような一連の出来事を経験することによって、「原因と結果」を推定できるようになる。

超越論

 イマニュエル・カント（1724〜1804）は、ヒュームの連合主義を逆にして「原因」の既存（先験的）概念によって、われわれは客観的な体験ができると唱えた。カントはまた、先天的な理性だけでは物の存在の有無を説明することができない、と主張した。これはデカルトの合理主義と相反するものである。カントの『純粋理性批判』（1781）は、結果として、新しい経験と既存概念との統合、すなわち「先験的な命題の統合」を是とする論拠を示している。

> デビッド・ヒュームは、独断のまどろみから私を目覚めさせた。

> 空間と時間に対する純粋な直観は先験的である。

> 部分は全体なしには、存在し得ない。

 カントは、知ること、感じること、望むこと、ということばで3つの精神的活動を表した。今日、心理学者は、たとえば、態度を分析するときなどに、よく、知識（「認知的なもの」）と情緒的な思考（「感情的なもの」）を区別する。

 カントの見解は**超越論的**すなわち、個々の経験の範囲を超えた説明であった。一方、ドイツで発展したヘーゲルらの「観念論」と、ショーペンハウアーやキルケゴールらの「ロマン主義」は、特に自然に対する神秘主義的な姿勢において、密接に関連し合っていた。こうした姿勢は、ほかの機械論的なアプローチとおよそ対照的なものであった。

功利主義

ジェームズ・ミルとジョン・スチュアート・ミル

自由論的哲学者ジョン・スチュアート・ミル（1806～73）は、「最大多数の最大幸福」のために努力することがよい、と信じていた、**功利主義者**ジェームズ・ミル（1773～1836）の息子である。

ジェームズ・ミルは、『人間精神諸現象の分析』（1829）のなかで、心は受動的だと述べたが、J・S・ミルは、『自伝』（1873）と『自由論』（1859）のなかで、父に異議を唱えた。

心は能動的である！

『自由論』

J・S・ミルは、「心的化学」、特に「創造的統合」を信じた。これは、さまざまな知覚の要素が融合してできた新たな複合観念は、構成要素の各部分を合わせたもの以上の新たな性質をもつ、という考えである。（この見解と心の能動性を強調する考えは、後にゲシュタルト主義者に取り入れられた。）J・S・ミルは、心理学は真の科学になり得る、と言った。

コントの実証主義

オーギュスト・コント（1798〜1857）は、J・S・ミルの友人であり後援者でもあった。彼はミルの心の科学という考えには異論を唱えたが、社会の科学を信じていたため、「社会学の父」と呼ばれる。

コントが心理学に貢献したのは、**実証主義**を通じてである。

> 観察可能な事実関係に目を向けるという、積極的な方法があるのみだ。経験できないものは、いかなるものも不適切だ。

実証主義は、命題を事実に変える。つまり、**還元主義**である。これは、後に行動主義者や多くの生物心理学者に影響を与えた。

コントの実証主義は、結局、1920年代の論理的実証主義者たち（A・J・エアーら）へとつながった。彼らは、公的に証明されない意見や経験によって検証されない意見はすべて排斥しようとした。それは、今日、多くの心理学者が強く支持する見解である。

初期の脳研究技術

　1830年代に**生理学**は、特にヨハネス・ミュラー（ベルリン）、マーシャル・ホール（ロンドン）およびピエール・フルーラン（パリ）らの研究を通じて、実験的学問になった。彼らは脳の機能を研究し、それぞれの領域がもつ特殊な機能を発見して新しい研究技術を開発しようとした。それらは、今もなお使われている。

1．摘出
ホールとフルーラン

> われわれは、動物の脳の一部を取り除くか壊すかして、その部分が行動に与える影響を発見した。

> 後に、さらに2つの研究手法が開発された。

2．臨床的方法
　ポール・ブローカ（1861）は、行動的に問題のある患者の死後脳の損傷を調べるという「臨床的方法」を開発した。

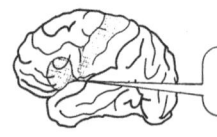

> 大脳左半球にあるブローカの領域が言語をつかさどる。

3．電気刺激
　グスタフ・フリッチュとエドゥアルト・ヒッツィヒは、1870年、脳のある部分に弱い電流を与えて、反応を観察した。

> 脚の動きに注目…

　これらの研究技術はたいへん役立ったが、さらに重要な大理論がひとりの男によって発表された。

ダーウィンの進化論

チャールズ・ダーウィン（1809～82）が『種の起源』（1859）を発表したとき、出版界にも学界にも嵐のような騒ぎが巻き起こった。即座に起こった反発は、大部分、彼の言いたいことを単に誤解し無視したものだった。（それは今なお続いている！）彼の理論は、進化に関する1つの理論というより、4つのサブ理論が1組になったものだ。

第1の理論は、**種は変化する**、というものだ。時間や世代を超えて、身体的（および行動的）特性は変化する。化石が示す証拠を見ればわかることだ……

第2の理論は、**変化は漸進的だ**、というものだ。変化は、何世代にもわたって少しずつ起こる。もっとも、化石に変化の記録が残されているといっても、多くの場合、その証拠は発見されていない。

第3の理論は、**共通の祖先を持つ**、ということだ。有機体は、祖先へとさかのぼっていくことができる。それは、ちょうど巨大な系図に似ている。

さて、4番目は、最も重要なサブ理論の**自然淘汰**である。

自然淘汰

自然淘汰は、2つの部分に分けられている。第1は、変化は1つの世代から次の世代にかけて起こるというもの。これは現在、遺伝子の**偶発的な**「**突然変異**」であると知られている。たとえば、自然界の放射能によって引き起こされるものがそうだ。(ダーウィンは変化がなぜ起こるのか知らず、ただ変化することだけを知っていた。)

第2は、「淘汰」の**意味**に関するものだ。

> 利益となる変化は、新しい個体に、生き残るためのより高い可能性を与える。逆に、不利な遺伝的変化は生存の可能性を低める。

> 私は進化という考えを用いて、同じ種のなかにどうしてこんなにたくさん異体があるのか説明した……

太平洋に生息するフィンチという鳥を例にとってみよう。この鳥が生息していた島々は、たがいに近接していたが、彼らの餌となる食物がまったく違っていた。いくつかの島には、木の実がたくさんあって昆虫がほとんどいなかったが、別の島には、昆虫がたくさんいて木の実はほとんどなかった。突然変異によって大きなくちばしをもつようになった鳥は「木の実」の島では生き残ることができたが、そこでは小さなくちばしの鳥は絶滅した。一方、突然変異によって小さなくちばしをもつようになった鳥は「昆虫」の島で生き残れたが、そこでは大きなくちばしの鳥は絶滅した。動物がこうして環境に適合することを**適者生存**と呼ぶ。

進化の重要性

「適者生存」という考え方は、生き残っているものも死に絶えたものも含めて、生物の多様性と分布を説明するのに役立つ。これは重要なことだが、「適している」とは「強くて健康」ということを意味するのではない！　多くの小さくて弱い生物が生き残ったのに対して、大きくて強い恐竜がみな死に絶えたではないか！

ダーウィン以降、進化が実際に起こっているところが何回も目撃された。たとえば、オオシモフリエダシャクという蛾は、2つの型（「白っぽい」羽根をもつ型と「黒っぽい」羽根をもつ型）へと突然変異した。

汚染前の地衣類の生えた木	汚染後の地衣類のない木

最初、「黒っぽい」羽根の蛾は白っぽい地衣類の生えた木ではカモフラージュされないため、生き残れなかった。その結果、「白っぽい」羽根の型が多くなった。

しかし、汚染によって地衣類が絶滅したところ（下の黒っぽい木の皮が見えているところ）では、「白っぽい」羽根の蛾はずっと危険にさらされやすくなった。それに対し、「黒っぽい」羽根の蛾は、カモフラージュされるようになった。

今日の進化

近年、われわれは、細菌とウィルスが突然変異を起こして、抗生物質のような薬に対して抵抗力をもつようになるのを目のあたりにしてきた。そのなかには、まだ治療薬のないウィルス、たとえば、エイズの原因となるHIVがある。

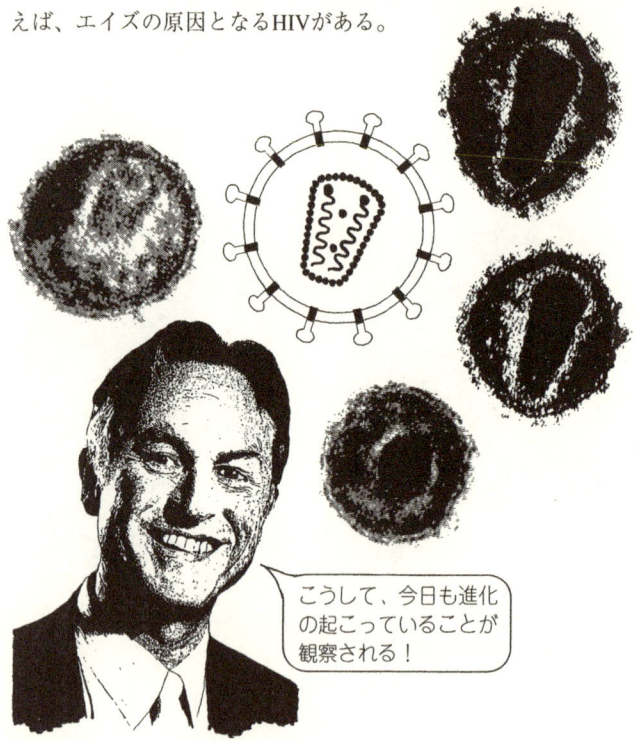

> こうして、今日も進化の起こっていることが観察される！

進化論は、単に生物の構造と機能を説明するための生物学の重要な理論にとどまらない。それはまた、心理学者が求愛の儀式やなわばり争いのような行動を説明するのにたいへん役立つ。リチャード・ドーキンスは、**愛他性**（遺伝子が生き残るために、明らかに個人的利益がなくても他者を助けること）を説明するために、重要な修正を加えて進化論を用いた（『利己的な遺伝子』1976）。ドーキンスもまた、よく誤解される！

ゴールトンの貢献

ダーウィンの従弟にあたる**フランシス・ゴールトン**（1822～1911）は、進化と遺伝の研究に熱中していた。彼は「個人差」を見つけ、指紋が唯一無二であることを発見した（1892）。ゴールトンはまた、強迫的に計算や測定を行った。講義中や劇場でのあくびと咳さえ数えて、「退屈尺度」を作ろうとした！

ゴールトンは、1884年、国際健康博覧会の会場内にコーナーを設け、訪れる人々の測定を行った。このデータ収集は、博覧会終了後も、サウス・ケンジントン博物館に場所を移して、6年間続いた。

> 私は、9000人以上の人の身長、体重、体力、聴力、視力などを有料で測定し、データを集めた。

ゴールトンは、**確率、正規分布、相関**という3つの独自の統計的測定法を用いて、さらに改善を行った。ゴールトンの著作『天才と遺伝』（1869）と『イギリス人についての科学』（1874）には、代々同じ方面での才能を発揮した有名な裁判官や医師、科学者の事例研究が多数含まれていた。この調査によってゴールトンは、著名な父は著名な息子を生み出す**確率**が高いことを確かめた。

正規分布

ゴールトンは、**アドルフ・ケトレ**（ベルギー、1796〜1874）の開発した**正規分布曲線**を用いて、人々の身長の分布などを調べた。

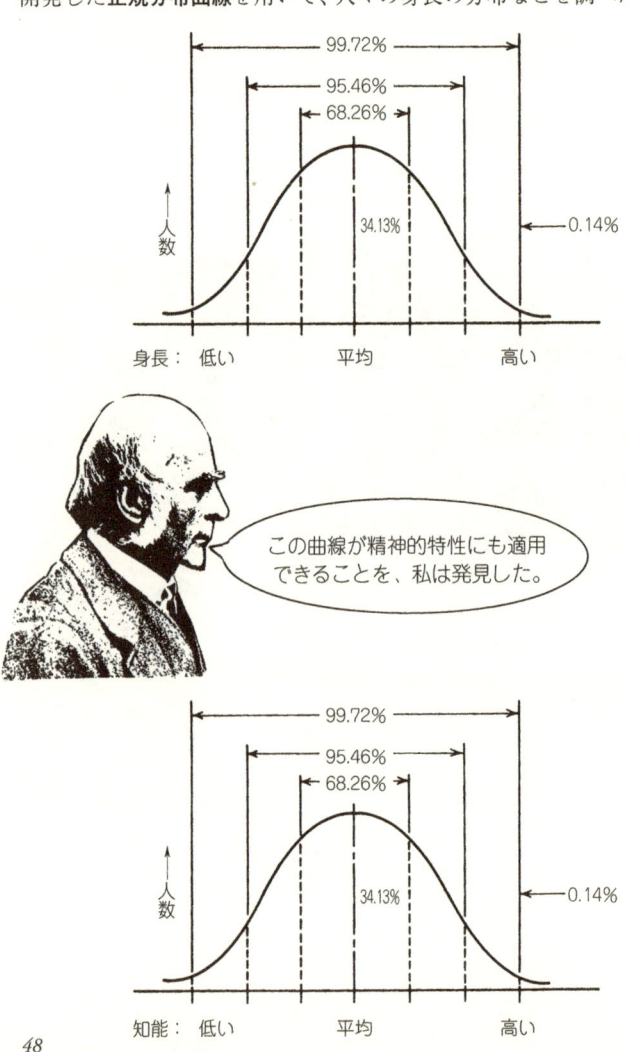

身長：低い　平均　高い

この曲線が精神的特性にも適用できることを、私は発見した。

知能：低い　平均　高い

相関関係

　ゴールトンは1888年に発表した『相関関係』のなかで、図を使ってさまざまな関係を説明した。たとえば、背の高い男性は父親ほど背が高くないし、背の低い男性は父親より背が高いなどである。

> このことは、「平均への回帰」の法則も証明した。

平均的身長の男性

　ゴールトンの弟子カール・ピアソンは、ゴールトンの相関関係（−1.0から＋1.0のスケール）を計算するための公式をさらに発展させた。それは、「ピアソンの相関係数」として今日でも広く用いられている。
　統計を用いることによって、ゴールトンは、遺伝と環境論争において断固として遺伝側を支持したのである。多くの点で、ゴールトンは、あのヴントよりも大きな影響力をもっていた。

構成主義と機能主義

ドイツ（1870年までは統一されていなかったが……）は、「心理学の母」であった。ドイツは経験主義的かつ実証主義的な時代思潮を生み、イギリスのたった2校（オックスフォードとケンブリッジ）とは対照的に多くの大学をもち、知的環境と経済的環境が整っていた。1879年に至るまで、ヘルムホルツ、ヴェーバー、フェヒナーという3人の生理学者たちが、ヴントに力を貸した。後に、やはりヴントが中心ではあったが、**エビングハウス**、ミュラー、ブレンターノ、シュトゥンプ、キュルペらほかの研究者たちもそれぞれ勝るとも劣らぬ貢献をした。だが、心理学をアメリカへ持ち込んだのは、ヴントの最も有名な弟子だった。

エドワード・ティチェナー（1867～1927）はイギリス出身で、ヴントの弟子としてヴントの著作の翻訳も手がけていた。彼は1893年にアメリカへ渡り、コーネル大学で自分の研究所を創設した。（オックスフォード大学は拒絶したため、1936年まで心理学講座がなかった！）彼は、自らヴントの熱烈な支持者だと主張したが、まもなく、独自の研究法を開発した。

構成主義は、意識を分析し……

構成要素に分け、あるいは経験を分析し……

意識の構造を決定する。

これは、依然としてあまりにも内観的で機械論的だった。全体としてのみ意味をなす経験を要素に分けるものだったからだ（この問題は、後にゲシュタルト主義者たちによって議論されるところとなった）。構成主義は四半世紀続いたが、ティチェナーの死とともに終わった。いずれにせよ、すでに下り坂ではあった。

構成主義に対して、**機能主義**から、ただちに反論が返ってきた。機能主義は、その名が示すように、心がいかに**機能する**かを問題にした。直接の背景となるのは、ダーウィンとゴールトンの考えおよび社会ダーウィニズムを唱えたハーバート・スペンサー（1820〜1903、彼もまたイギリス人である）だった。（スペンサーは思索をじゃまされないよう耳おおいをしていた！）

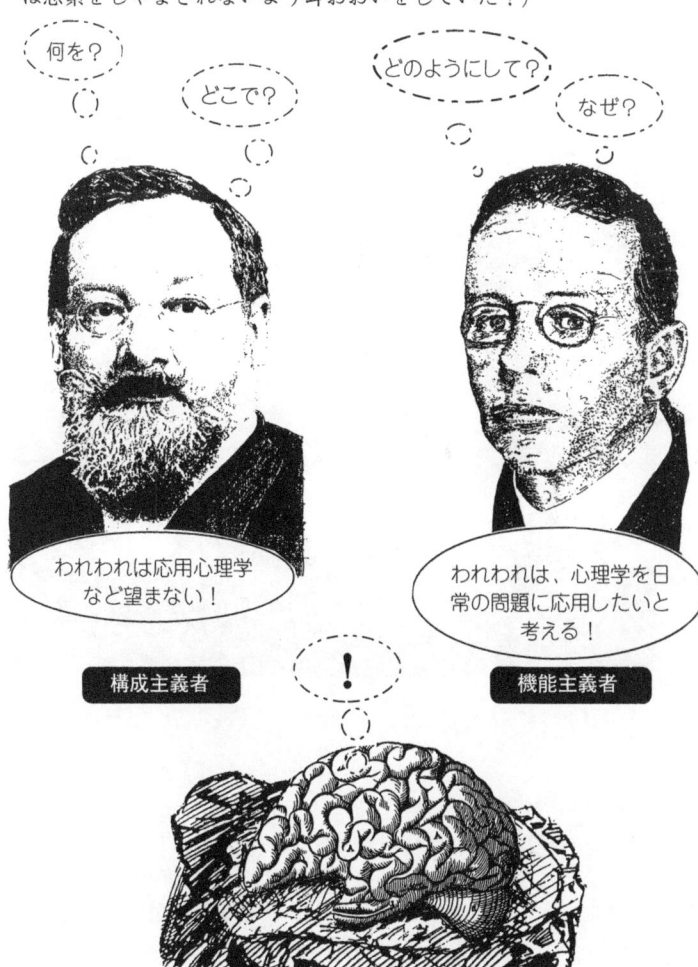

何を？

どこで？

どのようにして？

なぜ？

われわれは応用心理学など望まない！

われわれは、心理学を日常の問題に応用したいと考える！

構成主義者

機能主義者

最初の機能主義者

ウィリアム・ジェームズ（1842〜1910）は、1875年、アメリカ初の心理学の講義をした。しかし、彼はまったくといっていいほど実験に興味を示さなかった！ ジェームズは脳の活動の結果としての意識に関心をもち、（要素ではなく）連続的に流れる一連の過程を説明するため「意識の流れ」ということばを新たに作った。

> 心理学とは、人間の精神生活を現象と環境の両面から分析する科学である。

だが、ジェームズは、非科学的で独りよがりとみなされた。テレパシー、透視力、心霊術など、大部分の科学者が関わろうとしないことをまさに研究対象としていたからである！

一方で、ジェームズの関心の対象は（「宗教的経験」のように）魅力的であった。彼はまた、心理学の応用を手がけた。特に、『教育心理学』（1899）は有名である。

教育はまた、**ジョン・デューイ**（1859〜1952）*注 の重要な関心事でもあった。デューイはアメリカ初の教科書『心理学』を1886年に発表したが、すぐにジェームズの著書にとって代わられてしまった。デューイは「二元論」を嫌い、心と体、手段と目的、事実と評価、思考と行動、個人と社会を切り離して考えようとはしなかった。その代わりに彼は（ジェームズのように）**実用主義的**で、すなわち、実際に効果的に働くものは何でも支持した。

デューイは進化論に賛同し、人間は生き残るため、懸命に努力すると考えた。そこで、彼は教育に一心に取り組んだ（1904）。

> 子どもとは、環境によって作り上げられ、また環境を作り上げていく能動的な有機体だ、と私は考える。満たされるのをじっと待つだけの受動的な空の容器では**ない**！

したがって、学校は、子どもたちがそれぞれの要求と「知的探求心」に応じて、相互に影響し合い実験する場であるべきだ。かくして、デューイは、「進歩主義教育」の基礎を築いた。

*注 ここで紹介するデューイは、十進図書分類法（心理学は「150」である）を考案した司書のメルビル・デューイ（1851〜1931）ではない。

ジョン・デューイの弟子で、ウィリアム・ジェームズの仲間であった**ジェームズ・エンジェル**（1869～1949）は、機能主義を正式な学派（シカゴ学派）に変えた。エンジェルの著書『心理学』（1904）は、大成功を収めた。

> 感覚、感情、意思など、あらゆる「意識」の働きは、われわれが環境に対して有機的に適応していく過程で、表れるものであり、肉体的であると同時に社会的なものであると考えられる。

エンジェル（1906）は、機能主義とは以下のことを研究するものと要約した。
(1) 個々の要素ではなく、心の働き
(2) 意図したり判断したりする一連の過程も含めた意識
(3) 心と体の区別はしない

　ハービー・カー（1873～1954）は、機能主義がすでに主観的な精神や意識から、客観的な行動へ研究を移行しつつあった1919年ごろから注目された。機能主義は、闘う目的を失ったとき遂に終わりを迎えたが、それはある意味では、みなが「機能主義者」になったということだ。（もっとも、今日、自ら機能主義者と名乗る者はほとんどいないが。）

　歴史的にみて、機能主義は、構成主義と行動主義、およびそのほか、今日あるさまざまな心理学の観点を結ぶ重要な橋渡しであった。

さまざまな観点

初期の2つの観点に代わり、今日では6つの観点がある。（ただし、人間性心理学的「観点」と真の認知的「観点」は、1950年代と60年代にようやく生まれた。）

歴史的発展は以下のとおりである。

タイムチャート			
構成主義	1890年代	（1920年代）	
機能主義		1906年	
観点			
(「学派」)			
精神力動		1896年	
行動主義		1913年	
ゲシュタルト／認知		1912年	1960年代
(「非学派」)			
人間性心理学			1950年代
生物心理学	1880年代		
社会文化	1880年代		

6つのうちはじめの3つは、よく「学派」とも呼ばれるが、それは、おのおのがほぼ一様の考えをもつ人々の集まりで構成されているためである。

あとの3つは、意味から考えて「学派」とは呼べない。なぜなら、それは同じ意見をもつ人々の集まりではないからである。しかし、大すじで、それぞれがある重要な考え方を示している。

1. 精神力動的観点

> 「精神力動」の意味するものは、「能動的な心」である。しかし、心理的葛藤(かっとう)というものは、能動的な心というよりは、主に隠れた**無意識**のなかに存在するものである。実際、この「精神力動」ということばは、単にフロイトの**精神分析理論**、もしくは、ユング、アドラー、エリクソン、クライン、ラカンら、フロイトの信奉者あるいは彼に異を唱える研究者たちの理論を説明するのにしばしば使われている。(フロイトの信奉者といっても、どこまで含めるかは個人の好みだが……。これはフロイトを批判する研究者たちにも当てはまる。)

ジグムント・フロイト(1856〜1939)は、自分の患者たちの精神的な問題を発見し、それを解決するために、彼が考案した理論と治療法を説明しようとして「精神分析」ということばを新たに作り出した。「精神力動」はここから始まったのだ。

横になってリラックスしてください……

心に浮かんだことから何でもお話しください。

しかし、フロイトは精神の障害にのみ関心をもっていたわけではなく、生涯を通して、**あらゆる**人間の行動を説明する首尾一貫した理論を生み出そうとした。彼の研究は、目標とする統一理論には至らなかった。そこで、フロイトの思想を知るには個々に分かれているが相互に関係のある理論をそれぞれ検討することが、最も簡単なやり方だ。特に重要な理論が5つある。

① 意識、前意識、無意識

フロイトは、これを氷山になぞらえて説明した。氷山ということばには、流動的というよりは固いという意味が含まれているため、実際あまり適切ではないが、まずはそこから話を始めよう。

意識（上部の1／7）──目覚めているときにもつ認識

前意識（境目）──夢の記憶、「言い間違い」などを含む。そこに現れる考えと行為から、無意識を知る手がかりが得られる。もし、夢を思い出したとしても、無意識の考えを直接示すものではなく、高度に記号化された考えを思い起こしているのだ。このような象徴化によってわれわれは守られているため、無意識の部分で**本当は何を考えて**いるのかを知ってうろたえたり不安になったりすることはない。

無意識（下部の6／7）──ひそかな願望や恐れ、過去に受けた精神的ショックなどを含む。これらの考えはすべて完全に隠されていて、まったく触れることができない。これは生きていくために必要なことだ。人生をうまく生きていくために、過去のトラウマ（心的外傷）を忘れるのだ。無意識を直接のぞき見ることは**決してできない**。

厳密なフロイト派の用語では、無意識について語るとき「下意識」ということばを使うのは誤りである。フロイトは断固として、それはまったく見えないし、わからないものだと主張した。

② リビドー

「リビドー」(欲望を意味するラテン語)は、現在、「性動因」という意味でよく用いられるが、これはフロイトのいう意味とは違って、簡略化しすぎている。リビドーは、われわれが**生まれながらにしてもつエネルギー**で、われわれに生存意欲を起こさせ、生きることを可能にするものだ。性行動は、その1つの現れである。

フロイトは、蒸気機関をモデルにリビドーを説明している。

蒸気＝リビドー

「蒸気を放出」し、破裂を避けるための弁

「線路を走り」、「レールから離れない」ための車輪

もって生まれたリビドー(「蒸気」)のレベルが、われわれのパーソナリティの中心である。ほかの人よりリビドーのレベルが高い人もいる。リビドーというエネルギーをどのように使うかも、パーソナリティ(要求、欲望)と行動(仕事、趣味、興味)次第だ。

③ イド、エゴ、スーパーエゴ

心には3つの部分があり、それぞれが目的をもって、心身の成長に応じて発達していく。だが、通常その3つは、われわれが生き続けていくために、協力し合って働いている。

最初に現れるのが**イド**だ。これは生まれつき備わったもので、生後2〜3年間はイドしか存在しない。イドは**快楽原則**で動き、赤ん坊は、飲み物、食べ物、暖かさ、快適さなどの快楽を求め、飢え、湿気や寒さなど不快なものを避ける。イドは自分本位で、即時の満足を得ようとする。ちなみに、イドは it を意味するラテン語で、フロイトはイドの訳としてドイツ語の「es（エス）」（「それ」という代名詞）を用いた。

エゴ（自我）は2歳ころから徐々に現れ、**現実原則**によって動く。生きていくために、われわれは、ときには現実的になって将来の計画を立てなければならないので、必ずしもイドの思いどおりにはいかない。そこで、エゴはしばしばイドと闘わなければならない。

> エゴがいつもイドを抑えるのは間違いよ。人は、ときには羽目をはずして楽しまなくちゃ！　でなきゃ、イドは欲求不満がつのって、時や場所をわきまえずに噴き出すかもよ！

> とはいえ、エゴは本質的に利己的で個体に危害が及ばないように守っている。

これは、制約の多いヨーロッパで育った人々にとって特に問題だ、とフロイトは考えた。当時のヨーロッパでは、特に性的な快楽が、しばしば禁止されていたからだ。

スーパーエゴは、3歳ころに（親の影響により）現れ始め、幼年期の間、徐々に発達し、思春期後に十分成熟したものとなる。「スーパー」とは「〜より上に」という意味で、「イドとエゴ」の闘いを見下ろして監視しているのだ。

　スーパーエゴとは、「良識」あるいは「道徳の番犬」で、特に反社会的という意味での悪事をしないよう、われわれをとどまらせる。イドとエゴが自分本位なのに対して、スーパーエゴはほかの者のことも考える。

　この理論を「犯罪的行動」に当てはめて考えると、スーパーエゴがまったく発達していない者もいるだろう。こう考えれば、犯した罪に対して自責の念も示さず、反省しない人間がいるのも納得がゆく。

④ 精神-性的発達段階

フロイトは、われわれがみな経験する5つの性的発達段階を次のように解説した。

口唇期（0～2歳）
肛門期（2～3歳）
男根期（3～6歳）
潜伏期（6～11歳）
性器期（11歳以上）

初めの3つの段階は、パーソナリティの発達にとって特に重要である。

口唇期（0～2歳）
口は最初に経験する快楽の源で、生存のためにある。赤ん坊は本能的に吸う。口から満足を得ることで、赤ん坊には信頼と楽観的パーソナリティが発達する。

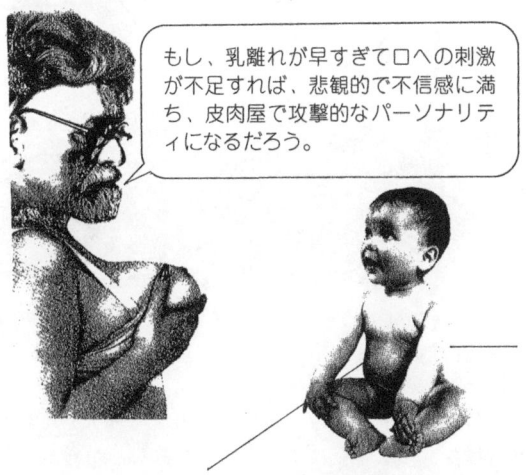

もし、乳離れが早すぎて口への刺激が不足すれば、悲観的で不信感に満ち、皮肉屋で攻撃的なパーソナリティになるだろう。

この段階の欲求に「こだわる」のが**口唇期固着**である。

肛門期（2～3歳）

快楽の中心は、肛門に移る。子どもは排便を意識し、コントロールの方法がわかり、適切な時と場所でトイレに行くという「トイレット・トレーニング」ができるようになる。親は、規則正しく衛生的に排便するよう励ますべきだ。排便のタイミングを自分で判断することにより、自信と「ものをあきらめる」タイミングを判断する力が発達し、子どもは自立のための重要な一歩を踏み出す。しかし、子どもをトイレに無理矢理行かせたり、タイミングや清潔さに厳しすぎると、子どもがどう反応するかによってパーソナリティにさまざまな問題の生じることがある。

肛門期固着の例

子どもにトイレへ「行く」ことを無理強いすると、**どんなものでも捨てるのを嫌がる**ようになることがある。そういう人は、ためこみ屋のけちん坊（典型的な**肛門保持**）になるだろう。

同様に、「規則的にトイレに行く」ことを気にしすぎると、極度に時間に正確だったり、あるいは、常に遅刻するようなタイプの人間になったりする。

清潔さを強調しすぎると強迫観念的なパーソナリティになり、いつも掃除や整頓を気にする人間になることがある。あるいは、反発していつもだらしない人間になる場合もある。

男根期（3〜6歳）

子どもは、自分の性器の存在（「自慰をする」）と男女の性的違いに気づいていく。したがって、男児と女児では、発達に相違がある。

エディプス・コンプレックス

どの少年も、無意識のうちに、次のような一連の段階を経験する。
(a)母親に対する強い欲望が発達する。
(b)両親の親密な結びつき（いっしょに寝ていること）に気づく。
(c)父に嫉妬し憎むようになる。
(d)自分の本当の気持ち（少年の欲望や嫉妬、憎悪）を気づかれないか、と父を恐れる。
(e)少年にとって最悪の罰、**去勢**されることを恐れる。

> 愛しているよ、ママ！
> ここにパパがいなければ
> いいのに……

このとき、かわいそうに、少年は絶望してこの問題を必死に解決しようとする。

エディプス・コンプレックスは、「正常な状態」への道筋をたどることで**解決**される。少年は、自分と父を**同一視**せねばならない。つまり、父親に似た人にならねばならないということだ。これによって問題が解決される。少年が父親に似ているということは、(a) 父が少年を好きになってくれるし、少年をひどい目に遭わせたりしない。(b) 母親も少年のことを好きになってくれる！ということになるからだ。

同一視によって、少年は父親の態度、道徳観（スーパーエゴの発達）および男性としての役割を見習うようになる。

カール・ユング（1875〜1961）

社会のなかで、男としてどうふるまうべきか。では、女の子はどうなのか？

彼女たちは、エレクトラ・コンプレックスを抱いている……

私は（無意識のうちに）もう去勢されたと思っている。

母親と娘についても同様なことがおきるので、女の子もまた、結局自分と母親を「同一視」し、母親の道徳性と女性としての役割を見習うようになる。（これは常に、男性の場合に比べてかなりあいまいである！）

1907年にフロイトと出会ったユングは、1913年までは彼の熱心な協力者であったが、最終的に、フロイトの学説はセックスを強調しすぎる、と判断した。そこで彼はフロイトから分かれて、独自の「ユング的」概念である**内向**と**外向**、**コンプレックス**、**元型**、**集合的無意識**を生み出した。

⑤ 防衛機制

　不快な考えから無意識のうちに身を守るのが、防衛機制である。このメカニズムが適切に働けば人生の助けとなるが、過剰に働くと問題を引き起こす。
　先ほど、**固着と同一視**について話したが、ここでは防衛機制について解説しておこう。

抑圧とは、好ましくない考えを無意識のなかに押しこめておくことである。こうすることで、恐ろしい記憶や恐ろしいもの、あるいは罪悪感を抱かせるような願望を思い出さずにいられる。抑圧しすぎると、疲れることもある。無意識の考えを隠し続けるには、エネルギー（リビドー）が必要だからだ。

> したがって、不快な考えが意識にわきあがってきたら、ときにはそれに向き合い対処したほうがよいのだ。

> 精神分析学者の仕事は、このやっかいなトラウマを探り当て、患者がそれを意識化して直視するのを助けることだ。

退行とは、幼年期にもどることだ。特にストレスを感じたときは、やすらぎを与えてくれる状況を探すことは、至極当然である。親指そのほかの指、鉛筆、キャンディをしゃぶったり、喫煙、飲酒をすることも**口唇期退行**である。

口を刺激することが必要なの

置き換えとは、エネルギー（リビドー）をほかの活動に転じることだ。これは、何かができない、あるいはしたくないためによく起こる。

たとえば、もし何かフラストレーションを感じたり、だれかのことでいらいらしたら、それをほかのだれかの「せいにする」こともあるだろう。

昇華とは、「健全な」置き換えにつけられた呼び名で、スポーツをしたり庭を掘ったりすることなどにより、ストレスや怒りを追い払うことだ。

そのほかの防衛機制には、**否認**、**投影**などがある。

フロイト説の根拠

フロイトは自らの説を裏付ける根拠を、どのようにして手に入れたのか？ その大部分は、アンナ・O、リトル・ハンス、ネズミ男ら患者との「対話」による。彼は、その対話を、後に「事例研究」として詳しく書きまとめた。そうした話は、経験的所見というよりも物語のように興味深く読める。

フロイトの方法論は、あとに続く精神分析家、セラピスト、精神科医によって改変された。

フロイトの流れをくむ心理学者には、アルフレッド・アドラー(1870〜1937)、カール・ユング (1875〜1961)、カレン・ホーナイ (1885〜1952)、エーリッヒ・フロム (1900〜80)、エリック・エリクソン (1902〜94) がいる。

フロイトに対する評価

フロイトは多くの患者を治した。あるいは、少なくとも患者が自分の問題を理解し、対処できるよう手助けしたといえるだろう。そして彼の方法は、今日でもなお、精神医学の分野で用いられている。

フロイトは現代社会に多大な影響を与え、自分自身や他人に対する人々の考え方を根本的に変えた。

だが、心理学の分野では、フロイトに対してなお多くの異論がある。心理学者の多くは、ポパーのことばを借りれば、「非科学的」あるいは「検証できない」として彼の考えを退ける。その結果、学位課程で、フロイトの理論をほとんど入れなかったり、まったく扱っていない大学が多い！ 多くの心理学者は、容易に観察、測定できる**行動**を研究するほうがお好みなのだ。

2．行動主義的観点

　行動主義のルーツは、**連合主義**という哲学的概念にある。連合主義とは、最も簡単にいえば、観念がどのように統合されるのかを研究して、行動を記述し説明する「法則」を見つけようとするものである。(しかし、それは決して「学派」ではなく、単なる主義だった。)連合主義は前に説明したように、ロック、バークリー、ヒュームといった英国経験論者の流れから発展したが、そのルーツはアリストテレスまでさかのぼることができる。

　一部の心理学者たちは、心理学の中心的話題である**学習**を説明するために、連合主義を用いた。

「学習」とは何か？

学習とは、経験によって生まれる、相対的に恒久的な**行動の変化**である。

「相対的に恒久的な変化」からは、病気、疲労、酒酔いなどの一時的変化は除外される。「経験」からは、遺伝的性質、成熟、恒久的な障害などによる変化は除外される。

学習理論 —— 古典的条件づけ

ロシアの生理学者**イワン・パブロフ**（1849〜1936）は、1890年に実験医学研究所を創設し、消化機能を研究した。彼は1897年に、『消化腺の働きに関する講義』を発表した。

> 1901年から私は、実験犬が食物なしでも唾液を分泌することを学習する（「条件づけ」られる）方法を研究した……

> それは皿のガチャガチャ鳴る音を聞いたり、助手の姿を見たときさ。

彼の有名な実験がどのようなものだったか、見てみよう。

パブロフの有名な実験

　犬は、音もにおいも遮断された小さな部屋に引き具でつながれた。したがって、犬には助手の姿も足音もにおいもわからなかった。音を聞かせてえさを与え、その際に出る唾液の量が測定された。そのような対呈示(**試行**)を数回行った後、音を聞かせるだけでえさを**与えなかったが、それでも犬は唾液を分泌した。**

音―本来、唾液の分泌とは関係のない中性刺激であるが条件刺激になる

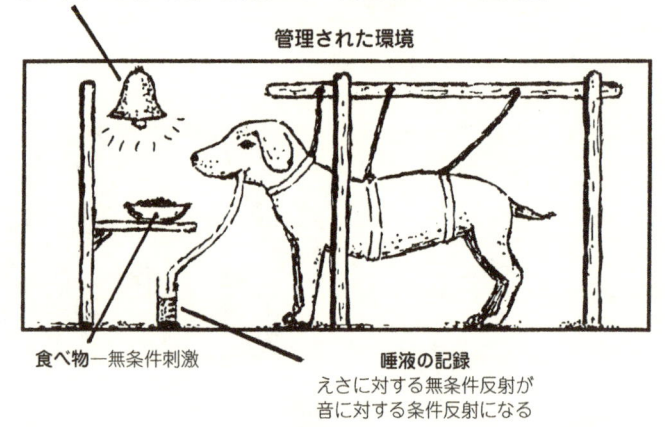

管理された環境

食べ物―無条件刺激

唾液の記録
えさに対する無条件反射が
音に対する条件反射になる

　実験の全過程は、次のとおりである。

実験前	実験中	実験後
🔔 ⟶ 反応なし (中性刺激)	🔔 (中性刺激)	🔔 (条件刺激)
えさ ⟶ 唾液分泌 (無条件刺激)(無条件反射)	えさ ⟶ 唾液分泌 (無条件刺激)(無条件反射)	唾液分泌 (条件反射)

　このように、パブロフは、いつでも音が聞こえたときに唾液を分泌するよう、犬を条件づけた。

さらなる実験

無条件刺激（えさ）を与えないで条件刺激（音）だけを繰り返し与えると、条件反射（唾液分泌）が次第になくなっていく。つまり、**消去**されることをパブロフは発見した。（消えるのは反応で、犬じゃない！）この消去の現象が起こっている間、犬はよくうとうとしたり眠ってしまったりする。

しばらく時間をおいてから（1～2日後）、条件刺激（音）が再び与えられると、たとえ無条件刺激（えさ）が与えられなくても条件反射（唾液分泌）が再び始まる。これは、**自発的回復**と呼ばれるものだ。

パブロフはまた、犬は似たような音にも反応することを発見した。

> 一つの限定された音に対して条件づけられたとき、ほかの多くの音に対しても、同様の条件反射が起こる。この現象は**般化**として知られる。

ノーベル賞 1904年

> その後、われわれは、犬に円と楕円を識別させようと試みた。すなわち、円を見せたときは、毎回えさを与えたのである。

> それに対して、楕円を見せたときは、えさを与えなかった。このようにして、**弁別**の現象がわかった。

円　　　　　　　　　　　　　　楕円

行動療法

犬によだれを垂れさせて、何の意味があるのか？ 初期のパブロフの実験は、魅力に欠けてつまらないものにさえ思えるかもしれないが、以下に示す2つの主な理由によって、たいへん重要なものであった。

(1) 古典的条件づけによって、たとえば、心拍数、発汗、筋肉の緊張などの**反射**も含めて、ほぼすべての学習が説明できる。

(2) (1)で示した反射の例は興奮（**恐怖**や**セックス**も含めて）の徴候なので、異常で不快な行動、たとえば、**恐怖症**や**性欲異常**も古典的条件づけによって説明できるだろう。このように古典的条件づけは、**行動療法**の基礎をなす。

たとえば、次の図を使うと、クモ恐怖症のような恐怖症がどのようにして始まったのか、説明することができる。

条件づけ前	条件づけ中	条件づけ後
クモ→反応なし (中性刺激)	クモ………┐ (中性刺激) ↓	クモ ↓ (条件刺激)
話→恐怖 (無条件刺激)(無条件反射)	話→恐怖 (無条件刺激)(無条件反射)	恐怖 (条件反射)

※マフェットのおじょうさん　じめんにすわって　おやつをたべてた　そこへおおきなくもがきて　となりにすわりこんだので　マフェットのおじょうさん　びっくりぎょうてん　いちもくさん

（注：もし反応が強ければ、動物も人間もたった1回の試行学習で条件づけることが可能だ！）

この理論的アプローチを用いて、セラピーがいくつか開発された。

※谷川俊太郎訳「マザー・グース」（講談社文庫）

(1) 脱感作療法

(J・ウォルピによって1958年に開発された。)

このセラピーは、ゆっくりと刺激を与え、恐怖症の患者をリラックスさせることで、**刺激**（たとえばクモ）と**反応**（たとえば恐怖）の結びつきを次第に弱めていく方法を用いる。

(2) 反対（逆）条件づけ療法

あるいは刺激-反応の結びつきを新たな別の結びつきに置き換えるという方法を使うセラピーもある。たとえば、クモの近くで食事をするなど、本人に喜びを与えるものを取り入れることによって、「クモ-こわい」という結びつきを、「クモ-楽しい」という結びつきに置き換えるのだ。

これらのセラピーを組み合わせて、**折衷的**なアプローチとして用いることもある。

(3) 嫌悪療法

このセラピーも、ある結びつきを別のものに置き換えるものであるが、これは「すてきな」ことを「不快な」ことに置き換えるものだ。たとえば、吐かせるために催吐剤を用いたりする。

嫌悪療法は、喫煙やアルコール依存症のような習慣をやめさせるために用いられる。

条件づけ前	条件づけ中	条件づけ後
喫煙　→心地よい 催吐剤→もどす	喫煙　┄┄┄┐ 　　　　　↓ 催吐剤→もどす	喫煙　┐ 　　　↓ 吐き気を催す

この技法は、ジャンク・フードの食べ過ぎから小児性愛などの性欲異常に至る反射行動を含めた望ましくない行動の矯正に用いることができる。

性欲異常

　古典的条件づけによって、異常な性行動を説明することができる。ゴムのブーツをはいている人を例にして、どのようなプロセスで、異性の身につけているものに対して異常な愛着を示す**フェティシズム**が生まれるのか、考えてみよう。

条件づけ前	条件づけ中	条件づけ後
ブーツ → 反応なし 性的刺激 → 性的反応	ブーツ ─┐ 　　　　↓ 性的刺激 → 性的反応	ブーツ ─┐ 　　　　↓ 　　　　性的反応

　この場合、条件づけの刺激となるのはブーツだけではない。もし、ブーツに泥がついていたら、のちに泥も性的興奮を引き起こすものとなるだろう！　つまり、ブーツだけでなく泥も**フェティシズムの対象**となるのだ。実際、**どのようなモノ**でもこうした対象になるため、衣類またはその素材（レース、シルク、ゴム、革など）に興奮するケースもよくある。あらゆる条件づけの場合と同様に、モノと共に与えられる性的経験が多ければ多いほど、そのモノに対する異常な愛着はより深まっていく。

窃視症

先に解説したとおり、古典的条件づけによって、**あらゆる形の性欲異常**がどのように生じ、なぜ継続するのかを説明することができる。一例として、他人の性的行為を見て性的刺激を受ける**窃視症**について考えてみよう。

> 典型的なパターンとして、「のぞき見男」は、のぞいている最中か、その直後にマスターベーションを行う。

ポルノ雑誌やポルノビデオを見るのも、一種の窃視症である。

精神保健上の警告：
性的活動はすべて、非常に中毒性が高いといえる。
（男性は性的興奮と満足のスピードが女性よりも速いため、中毒になりやすい。）

サディズムとマゾヒズム

　サディズムは、肉体的および精神的苦痛を人に与えることで得られる性的快楽で、サド侯爵（1740～1814）にちなんで名づけられた。侯爵自身は結局、苦痛を人に与えることでしか性的満足を得られない人間だった。

> マゾヒズムは、苦痛や屈辱を受けることで得られる性的快楽なの

> サディストとマゾヒストは、当然、たいていいっしょにうまくやっていくのさ！

　もちろん、別々の性的逸脱が組み合わされることもある。サディズムとマゾヒズムには、よく、緊縛（縛り）とフェティシズムが伴う。

小児性愛

　これは、子どもに対して性的興奮を感じるもので、一般に違法である。

　小児性愛は、嫌悪療法と反対条件づけ療法を含めたセラピーの組み合わせにより、治療することができる。

同性愛

　同性愛はかつて（一例をあげると、1950年代のアメリカでは）、たとえば小児性愛と同様の方法で「治療できる逸脱」とみなされていたが、そのような「セラピー」は、その後行われなくなった。

ソーンダイクと結合主義

パブロフがロシアで研究を行った時期より少し前、アメリカでは、**エドワード・ソーンダイク**(1874〜1949)が、**連合主義**の別の形式である「結合主義」の研究に独自に取り組んでいた。

私は、猫を実験に用いて、「仕掛け箱」から猫たちが逃げ出すのにかかる時間を計った。

内側にひもをつけて、それを引っ張るとドアが開く仕掛けのおりを使った。

『動物の知能(動物における連合過程の実験的研究)』(1898)

最初、猫は、さまざまな行動を試みて偶然ひもを引くという**試行錯誤**の結果逃げ出した。数回ほど繰り返した後、猫は、ひもを引くことと逃げることをすぐに**連合**するようになった。概して猫は最初、逃げ出すのにしばらく時間がかかるが、練習すればすぐに、早く逃げ出せるようになることを、ソーンダイクは発見した。

学習曲線と学習の法則

ソーンダイクは、猫が逃げ出すのに要した時間をグラフに描き、「学習曲線」を生み出した。

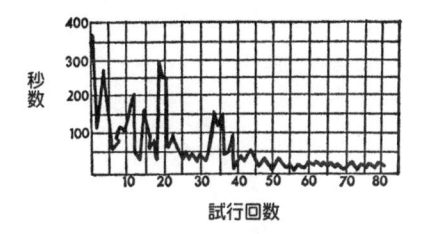

人間が何かを学習する際にも、同様の曲線が得られる。

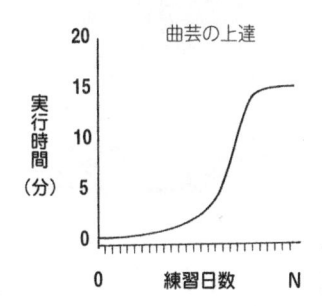

(「急勾配の学習曲線」は、実際、その人の学習速度が速かったことを示す！)

ソーンダイクは、2つの学習の「法則」を考案した。

(1) 練習の法則 「習うより慣れろ」ともいうように、反復によって学習は強化される。詩、劇のせりふ、九九表を反復によって覚えることを、**機械的学習**あるいは「おうむ返し（ただの繰り返し）」と呼ぶ。

(2) 効果の法則 「楽しければ繰り返す」ともいうように、ほうびを与えることによって学習は強化される。ソーンダイクは、単なる反復（法則1）よりもほうび（法則2）のほうがより効果的なことを発見した。

連合主義から、まったく新たな学派が生まれた。

ワトソンの行動主義

ジョン・B・ワトソン（1878〜1958）は、『行動主義者からみた心理学』（1913）において、当時の心理学のトレンドをつかみ、行動主義の基礎を築いた。彼は特に、動物や人間の幼児行動の研究に熱心だった。

> 心理学は、純粋に客観的で実験的な自然科学の分野である。その学問としての目標は、行動の予測と制御である。内観は、その方法の本質的部分をなすものではない。

だれもが、この新たなアプローチを好んだわけではない。反対者のなかには、ティチェナーとマクドゥーガルがいた。だが、概して、ワトソンはたいへん人気があった。「環境」要因を極端に強調する彼の考え方は、**いかなる遺伝的特性の存在も否定する**もので、当時のアメリカの時代思潮にうまく合ったのだ。人々は訓練によって何でも望むものになることができる、というのがワトソンの考えだった。

ワトソンの実験

　ワトソンの新しいアプローチは、「意識」という考えを退けた。彼は、感情とは、単に環境からの**刺激**とそれに対して内部で起こる測定可能な**反応**(たとえば、脈拍数、発汗、赤面)である、といった。

> 幼児は、3つの基本的な感情を示す、とワトソンは考えた。
> **恐れ**—大きな音、身体の支えを急に失うことなどによって引き起こされる
> **怒り**—身体の動きを制限されることなどによって引き起こされる
> **愛情**—やさしくなでられたり、あやされたりすることなどによって引き起こされる
> そのほかの感情は、これらの複合である。

　ワトソンは、1920年に有名な感情に関する実験を行った。生後11ヵ月の幼児アルバートが白いネズミを見ているときに(この時点では白いネズミをこわがっていない)、その背後で鋼鉄の棒をハンマーでたたいて、大きな音をたてた。

> 音によって引き起こされた恐怖がネズミに対する恐怖を条件づけたのよ。アルバートは、この恐怖を類似の刺激にまで広げて、ウサギや毛皮のコート、サンタクロースのひげまでこわがるようになってしまったわ!

　おとなの抱く恐怖や不安も、多くはこれに類似した幼年期の経験に由来している、とワトソンは主張した。

81

で、その後ワトソンはアルバートを治したのか？

答えは、「ノー」だ。ワトソンによれば、もうアルバートを実験に使うことはできなかった。それに、この直後、ワトソンは、助手との不倫スキャンダルで大学から永久追放されたのである。1921年以後、ワトソンは広告業にたずさわった。

> 私は、その後の人生で、消費者の行動を予測し、コントロールすることに行動主義を応用した。

> 心理学者は、以来ずっと広告業に関わってきた……

> 買ったものに不満をもたせて、新しい製品が欲しい、と思わせるんだ！

倫理

アルバートが、その後どうなったかはわからない。今日では、厳しい倫理ガイドラインが設けられて、このような研究はもう許されない。これには多くの理由があるが、アルバートのケースがその1つであることは確かだ！　興味深いことに、倫理基準が生まれた1950年代以前にさえ、ワトソンの研究をまねようとして成功した試みはひとつもないようだ。

ピーターとウサギ

しかし、このアルバートの実験から思わぬ副産物も出てきた。アルバートのケースを詳しく聞いた**メリー・カバー・ジョーンズ**（1896〜1987）は、ピーターという少年のウサギに対する恐怖の条件づけをうまく外すことができた（ジョーンズ、1924）。

> 私は、ピーターが食事をするときに毎回ウサギを近くに置いて、その距離を徐々に縮めていきました。その結果、とうとう彼はこわがらずにウサギに触れることができるようになったのです。

> 実のところ、ぼくも前ほど男の子がこわくなくなったよ。

「ピーター」の症例は、行動療法（**脱感作療法**）として記録に残る初めてのケースで、行動療法が一般的に広まる何年も前のことだった。

ワトソンは、反射を条件づけること、すなわち感情をコントロールすることによって、また行動パターンを身につけることによって、よりよい社会を建設できるだろう、と信じた（ワトソン、1930）。

「もし、行動主義的な意味での自由のなかで子どもを育てたら、人類は変わるだろう。こうした環境で育った子どもたちが、もっとよい生活様式と考え方でわれわれの社会を受け継ぎ、さらにより科学的な方法で子どもたちを育てたら、最終的に、世界は人間が住むにふさわしい場所になるのではないか？」

ワトソンの行動主義は、1930年代および40年代に、トールマン、ガスリー、ハル、そして最も高名なスキナーら優秀な心理学者によって、さらなる発展を遂げた。

スキナーの行動主義

バルラス・フレデリック・スキナー（1904〜90）は、1938年に最初の主著『有機体の行動』を発表したが、ほとんど売れなかった。一方、のちの『科学と人間の行動』（1953）は、よく売れ、大成功を収めた。

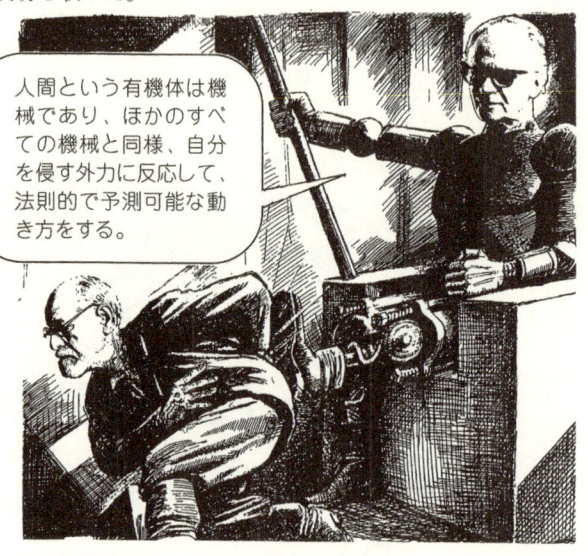

> 人間という有機体は機械であり、ほかのすべての機械と同様、自分を侵す外力に反応して、法則的で予測可能な動き方をする。

反射の古典的条件づけを研究したパブロフとは対照的に、スキナーは主に、非反射的すなわち**自発的行動**を研究した。

パブロフとスキナーの比較	
パブロフの古典的条件づけ	スキナーのオペラント条件づけ
観察可能な刺激──→反応 　　　　　　（反射）	観察可能な刺激なし──→反応 　　　　　　　（非反射）
動物は反応する──しかし環境を変えることはできない。つまり、**応答的行動**である。 （レスポンデント）	動物は環境に働きかける。つまり、**自発的行動**である。 （オペラント）

オペラント条件づけ

　スキナーは、「オペラント条件づけ装置」を考案した（1933年、ハルはこの装置にスキナー箱というニックネームをつけた）。実験では、まず、空腹のネズミをこの装置の箱のなかに入れる。すると、遅かれ早かれ、ネズミは偶然にレバーを押す。

1．最初、えさ粒は、出てこない（条件のコントロール）。
2．その後、えさやり装置を連結する。

> その結果、レバーを押す割合が増加する。

> レバーを押すたび、ぼくはえさ粒を手に入れる。

> これが正の強化である。

3．次にえさやり装置を切り離す。しかし、まだしばらくレバーを押すという行為は続く。ネズミは**自発的に条件づけられた**（オペラント条件づけ）のである。
4．もし、時折えさ粒を与えれば、つまり、もし**部分強化**を行えば、レバーを押すという行為は、実際、無限に続くだろう。スキナーは異なるタイプの部分強化を研究して、どれが最も効果的かを調べた。

部分強化のスケジュール

> スキナーは4つのタイプの状況を研究した。えさ粒は次のように与えられる。
> 1. 定間隔——たとえば、毎分1回
> 2. 変間隔——たとえば、平均して毎分1回となるような、さまざまな間隔をおいて1回
> 3. 定比率——たとえば、20回押すごとに1回
> 4. 変比率——たとえば、平均20回押すごとに1回となるような、さまざまな回数を押して1回

定比率の強化のほうが、定間隔の強化よりも反応はずっと早くなるよ。

驚くことはないよ。だから、「出来高制の仕事」が成り立つのさ。

出来高制で給料をもらうほうが、たいてい一生懸命働くもんだ。

変比率の強化が「最も強い」——このことは、スキナーが行ったハトを使った条件反射の実験を見ても明らかである。ちなみに、この実験では、ハトの条件反射は、最後に強化を与えられてから何千回も続いた後に、ようやく消えた。(反射は消去直前、ピークに達する。)

反応してから強化を与えられるまでの時間

　スキナーは、反応から強化を与えるまでの最適時間は、約0.5秒、つまり**ほとんど即座**に強化を与えるのがよいことを発見した。これは、たいへん重要なことである。たとえば、もししつけのために親が子にほうびをやったり罰を与えるならば、子が何かをしたとき、ただちに行うべきである。

> お父さんが帰るまで待ちなさい！

> 知らないの？ 強化を与えるのが遅れちゃったら、効き目がないって、スキナー先生が言ったんだよ！

　刑罰制度が有効に働かないことがよくあるが、その理由の一つはこのあたりにある。たとえば、強盗がある家に忍び込んで盗みを働いたとする。3ヵ月後、警察に逮捕され、1年後、法廷で有罪の判決を受ける。これではあまりにも遅すぎる！　だが、スキナーによれば、罰が必ずしも有効に働かない理由は、これだけではない。

なぜ罰は、たいてい効果がないのか

1. 一般的に、罰はほうびに比べてあまり効果がないが、それは罰を与えると、反応を学習する**速度も量も落ちる**ためである。それよりも、ほうびの組み合わせ（正の強化）とほうびの取り消し（非強化）を用いたほうが、より効果的である。

> ニンジンはステッキよりも効果的だよ…

2. よくあることだが、罰せられることによって人は、望ましくない行動をやめるというより、むしろ**罰せられることを避けよう**とする。

> ちょうど、実験のネズミが電気ショックを避けるように、人間も捕まらないようにするもんさ。

3．罰せられることによって、人は罰と**行動**を結びつけるのではなく、罰と**罰を与える者**を結びつけて考えることがある。

「世の中を恨んでやる！」

4．罰せられることによって人は、**何をすべきでないか**訓練されるだろうが、**何をすべきか**は訓練されない。

「じゃ、何に触ればいいんだい？」

お願い
彫刻に触れないでください。

　スキナーは、ほうびや罰について誤った考えをもっている人（親、教師、裁判官など）が多いことも発見した。

「ほうび」と「罰」とは何か？

いわゆる「ほうび」は逆効果ともなり得ることを、スキナーは発見した。

> 宿題をちゃんとしてきたごほうびとして、メリーに作文を読んでもらいますから、皆さん、どんなにお利口か、よく聞いておくように！

> 先生のお気に入り！

同様に、いわゆる「罰」も逆効果となり得る。

> さあジミー、そんなことはよして、さっさとお勉強なさい。

> 先生、この子のことは放っといたら。気を引こうとしているだけだから！

スキナーによれば、**人それぞれ必要とするものは違う**。したがって、どの強化が「有効」か「有効でない」かは、個々の動物や人に関して試してみなければわからない。

定義づけから実行まで

 とはいっても、実際に試してみる前に、正および負の強化と罰という用語を定義する必要がある。「ほうび」や「罰」ということばを不用意に使う人が多いため、スキナーはその用語を次のように定義した。

正の強化とは、空腹のネズミにえさを与えるように、何か心地よい状態にすることによって、行動の増加がみられるとき。
負の強化とは、何か不愉快なことを避けることによって行動の増加がみられるとき。たとえば、軽い電気ショックを与えると、ネズミはレバーを押してショックを避けようとする。
罰とは、何か不愉快なことによって行動の減少がみられるとき。

それで、軽い電気ショックを与えれば、子どもがほかの子どもをたたくのをやめさせられるとおっしゃるんですね。

ええ、もちろんですとも。軽いショックは、生理的ダメージを与えることもありません。平手打ちならそうはいきませんがね。何しろ強さをコントロールできないし、傷になるかもしれませんから！　そんなわけで、軽い電気ショックが動物に使われるのです。もし、それに効果があれば、子どもに、いや、おとなにも使ったらいいではありませんか！

「問題児」

　いわゆる「問題児」あるいは「いたずらっ子」の多くは、本当はまったくふつうの健康で活動的な子どもであるにもかかわらず、両親や教師らがたびたび不用意に「誤った訓練」を与えてきた結果、そのような態度をとっていることに、スキナーは気づいた。たとえば、親は子どもが「いたずら」したときだけ注目し（正の強化）、「よい子」のときは無視しがちである。

> 何もいわないでおこう。でなきゃ、またいたずらするかもしれないから。

> そんなこと、おやめなさい！

　たとえ、子どもが常に「よい子」でも、それはたいてい「おとなしくて消極的」という意味に過ぎない。つまり、必ずしも健康的ではないのだ。こうした子どもが成長すると、何をするのもこわがるような神経過敏な人間になるかもしれない。

3段階訓練法

理想をいえば、子どもはみな、まず第一に正しく訓練されるべきだ、とスキナーは語った。(こうしたことは子育てに成功した親たちが、気づくか気づかないかにかかわらず、当然行っていることだ。) スキナーは3段階訓練法と呼ばれる簡単なシステムを考案した。彼はこの方法が、動物にも人間にも有効であることを発見した。

1．目標を明示する（「最終的な行動」）

> 窓に人影が見えたら吠えるように、犬を訓練する。

2．開始を明示する（「行動を始めさせる」）

3．各段階で望ましい方向へ正の強化（ほうび）を与える。一方で、そのほかの行動はすべて無視する

> ウー！

> 犬が吠えたらえさをやり、「いい子だ！」「よくやった！」とほめてやる。

この方法は、番犬や警察犬、盲導犬の訓練に用いられている。この簡単で効果的なアプローチに基づいて、スキナーは行動を変えるための方法を考案した。

行動変容

　おとなや子どものなかには、社会に適応し、より幸福で満ち足りた人生を送るために、**行動を変容させなければならない人たちがいる**、とスキナーは主張した。子どもの場合、子どもの行動もさることながら、たいていは両親の行動を変えることが問題なのだ。この場合、心理学者は、まず最初、両親といっしょににどのような行動様式が望ましく（第1段階）、どのような行動様式が望ましくないのか（第2段階）、はっきり決めることから始める。

望ましい行動	望ましくない行動
スプーンやフォークで食べる	食べ物を投げる
丁寧に頼む	「～してくれ」と叫ぶ
汚いことばを使わない	汚いことばを使う
いすに座る	いすの上に立つ
廊下を走らない　など	廊下を走る　など

> 次に、第3段階について決定せねばならないな。どのような正の強化を与えるべきか、何を無視すべきか、そして、必要があれば、どのような罰を与えるべきか。

> 正の強化といえば、賞賛、注目、ほうびですね。

> 罰として、1分間静かに廊下に立ってなさい――「はい、もういいでしょう」

　キーワードは、常に、ある特定の行動を同じ方法で強化する**一貫性**と、プログラムを守り通す**断固とした姿勢**である。

　行動変容はまた、精神疾患で入院中の患者にも用いられることがある。（患者にプラスチックの代用硬貨を与えて、ほうびや特典と交換させるという「トークン・エコノミー法」も、その一つである。）

定義づけから実行まで

　とはいっても、実際に試してみる前に、正および負の強化と罰という用語を定義する必要がある。「ほうび」や「罰」ということばを不用意に使う人が多いため、スキナーはその用語を次のように定義した。

正の強化とは、空腹のネズミにえさを与えるように、何か心地よい状態にすることによって、行動の増加がみられるとき。
負の強化とは、何か不愉快なことを避けることによって行動の増加がみられるとき。たとえば、軽い電気ショックを与えると、ネズミはレバーを押してショックを避けようとする。
罰とは、何か不愉快なことによって行動の減少がみられるとき。

> それで、軽い電気ショックを与えれば、子どもがほかの子どもをたたくのをやめさせられるとおっしゃるんですね。

> ええ、もちろんですとも。軽いショックは、生理的ダメージを与えることもありません。平手打ちならそうはいきませんがね。何しろ強さをコントロールできないし、傷になるかもしれませんから！　そんなわけで、軽い電気ショックが動物に使われるのです。もし、それに効果があれば、子どもに、いや、おとなにも使ったらいいではありませんか！

「問題児」

　いわゆる「問題児」あるいは「いたずらっ子」の多くは、本当はまったくふつうの健康で活動的な子どもであるにもかかわらず、両親や教師らがたびたび不用意に「誤った訓練」を与えてきた結果、そのような態度をとっていることに、スキナーは気づいた。たとえば、親は子どもが「いたずら」したときだけ注目し（正の強化）、「よい子」のときは無視しがちである。

> 何もいわないでおこう。でなきゃ、またいたずらするかもしれないから。

> そんなこと、おやめなさい！

　たとえ、子どもが常に「よい子」でも、それはたいてい「おとなしくて消極的」という意味に過ぎない。つまり、必ずしも健康的ではないのだ。こうした子どもが成長すると、何をするのもこわがるような神経過敏な人間になるかもしれない。

教育に対するスキナーの貢献

スキナーの「3段階訓練法」は単に訓練だけではなく、教育全般に応用されてきた。教師はそれぞれの子に達成してもらいたいことを決め、**行動の目的**を書き留める。

> 例:この本を読み終えたとき、あなたができるようになっていることは、
> ——心理学の定義を簡潔に**述べる**こと。
> ——心理学者が成し遂げた3つのタイプの研究について**述べる**こと。
> ——心理学を精神医学および社会学と**対比する**こと。
> ——有名な心理学者の名前を、少なくとも7人**リストアップする**こと。
> 注意:動詞は**明確な**ものであること。「わかる」「知る」「把握する」「理解する」などのあいまいなことばは、いっさい使わない。

また、「目的」を述べる練習をしておけば、成し遂げたいと思う研究、というより、達成したいどんな人生の目標でも、それを選ぶときに役立つ。

> 課題:白紙に、今後5年間に達成したいことを正確に書きなさい。あいまいな表現は使わないこと。ただ、「金持ち」「成功」等と書くのではなく、「〜で儲ける」とか「〜で成功する」と書くこと。

人は自らの人生を改善することができると、私は信じる。

私は午後に音楽を聴くことによって、午前中に仕事をするよう自分を強化している!

1948年に発表されたスキナーの空想的小説『ウォルデンⅡ』で描かれているように、社会はよりよい方向に変わることができる。ウィリアム・ジェームズのことばを繰り返すなら、条件づけを通じてよい**習慣**を発展させ社会を改善できるかどうかは、すべてわれわれ次第である。

しかし、行動主義は、スキナーで完結したわけではなかった。明らかな強化を与えなくても起こる行動を考慮に入れた「より柔軟な」アプローチが発達した。

社会的学習理論

あらゆる行動は刺激と反応と強化によって説明できる、というワトソンとスキナーの急進的行動主義に、すべての者が賛同したわけではなかった。心理的（認知的）プロセスを考慮することも重要である。

ジュリアン・ロッター（1916〜）は、実験条件の下で社会的相互作用を研究しているとき、**社会的学習理論**という用語を生み出した（1947）。彼によれば、人間は自らの行動がもたらす結果、自分が受ける強化などについて**期待**をもっている。さらに、人間はそれぞれ独自の**価値観**をもち、それを自分の行動や自分が受ける強化にあてはめる。ロッターにとって重要なのは、「**コントロールの位置がどこにあるか？**」ということである。

> 人は、生い立ちによって、基本的に2つのタイプに分けられる。

> 君はどちらのタイプかね？

1．コントロールの位置が内的な人（内的統制者）は、強化は個人の努力によって決まる、と信じている。彼らは、自分の人生は自分が管理していると考えており、その信念にしたがって行動している。彼らは心身ともに次に挙げる2の人々より健康で、社会のなかで生きていくのがうまい。両親は支援的で、惜しみなく賞賛を与え、しつけも首尾一貫しており、権威主義的ではない。

2．コントロールの位置が外的な人（外的統制者）は、強化は個人の努力に関係なく、外的要因によって決まる、と信じている。自分の人生を向上させようと試みることはあまりない。

ボボ人形の実験

アルバート・バンデューラ（1925～）は、1960年代初期にそれまでとは違った行動主義を発展させた。それは当初、「社会行動主義」そして後に**社会的認知理論**と呼ばれた。われわれが行動を学習する場合、自ら直接強化を受ける必要はない。単に他人を**観察**して、彼らの行動の結果をみることによって学習することもできるのだ。この重要な「間接的」学習は「代理学習」または**観察学習**と呼ばれる。

最も簡単な実験で、バンデューラ（1963）は、子どもたちを「実験群」と「対照群」の2つのグループに分けた。

> 実験の対象となった子どもたち（実験群）は、おもちゃの部屋で1人のおとなが、風船のようにふくらませた「ボボ」人形に乱暴しているのを見た。

> 一方、別のグループ（対照群）の子どもたちは、おとなが乱暴せずに遊んでいるのを見た。

その後、それぞれのグループに属する子どもたちがおもちゃの部屋に1人ずつ入れられ、その行動がフィルムに収められた。

バンデューラの実験結果

　指示を直接与えなくても、実験群の子どもたちは対照群の子どもたちより、有意に攻撃的だった。

結論：子どもは明らかな強化を与えなくても、**モデル**の行動を自発的に**模倣**する。

　これはまた、子どもは明確に暴力を模倣する、ということを実証する初期の実験となった。引き続き行った別の実験で、バンデューラは、実写の映画とアニメによる攻撃的な映像を、子どもたちに見せた。その結果、明らかに子どもたちは、テレビや映画の暴力シーンに強い影響を受ける可能性のあることがわかった。（ただし、これらの実験では、長期に及ぶ影響は測定していない。）
　模倣と**モデリング**の過程は、セラピーにおいても重要である。

「モデリング」

スキナーと同様、バンデューラは自らの研究を現実的な問題に応用して、患者の異常で望ましくない行動を修正した。セラピストがモデルとして行動し、患者にどう行動すべきか示すのである。たとえば、クモ恐怖症の患者の場合はこんなふうに。

> そのとおり……私がしたようにやってみてください……その上にグラスをかぶせて、下に紙を1枚すべりこませて……

> でっかくて毛むくじゃらの人間は嫌いだ!

モデリングは、恐怖症、強迫性障害、性的問題、不安等の治療に用いることができる。また、それは**教育や訓練**においても活用される。その場合、教師あるいはトレーナーが、生徒に対して「モデル」としてふるまう。

このように、行動主義は、結果的に機械論的側面が弱まり、より認知的となった。そして、それは「新行動主義」とも呼ばれた。しかし、時すでに遅く、まもなく行動主義に対して起こる反発をくい止めることはできなかった。

3．認知的観点

「認知」とは、基本的に「思考」、つまり、知覚、記憶、言語、問題解決などを意味する。認知的な考え方は、しばしば、急進的行動主義の見解と対照をなすものとみなされる。

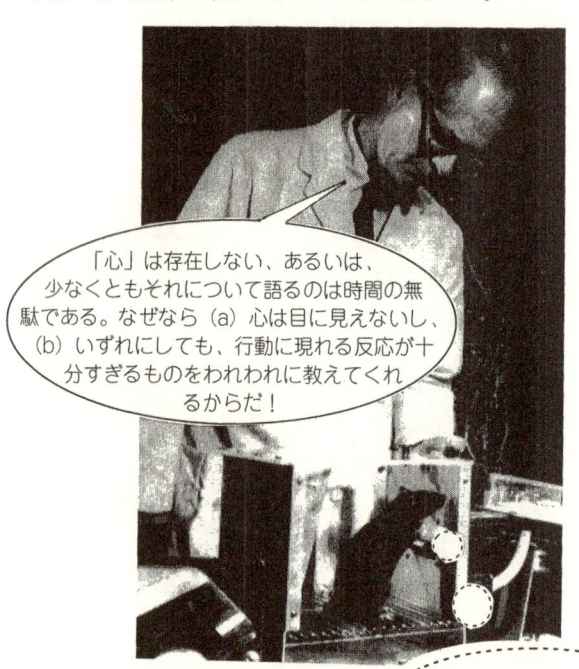

「心」は存在しない、あるいは、少なくともそれについて語るのは時間の無駄である。なぜなら（a）心は目に見えないし、（b）いずれにしても、行動に現れる反応が十分すぎるものをわれわれに教えてくれるからだ！

まあ、あいつには「心」がないかもしれないが、ぼくにはあるんだ！

歴史的に厳密にいえば、「真の」認知主義は1950年代後期に始まった。しかし、それよりもずっと以前から、構成主義と機能主義、わけてもゲシュタルト学派では、心が働く過程と意識は重要だと考えられてきた。そのため、ここでは「認知的観点」に、**ゲシュタルト主義**を含める（たいていの場合、それらは別のものと考えられているが）。

ゲシュタルト心理学

心理学はドイツで始まったが、構成主義、機能主義、行動主義を通じてアメリカで発達した。しかし同時に、行動主義の主要なライバルとしてヴェルトハイマー、コフカ、ケーラーの率いる**ゲシュタルト主義**が発達したのは、またしてもドイツでだった。（だが運命のいたずらで、結局、ナチスから逃れるべく、彼らも1930年代にアメリカへ渡った。）彼らはとりわけ、「要素主義」のヴント的アプローチを攻撃した。

> 長方形……黒い文字……2つの目……蝶々……大きなシンボル……が見える。

> 本の表紙が見える。

> 全体は部分の総和より大きい。

ヴント主義者

ゲシュタルト主義者

「ゲシュタルト」の意味は？

ゲシュタルトの正確な訳語はない（そこでドイツ語をそのまま使っている）が、大ざっぱにいえば、ゲシュタルトとは、「形式」「形状」「形態」という意味で、「全体」を強調するものである。

心の能動性

ゲシュタルト心理学者たちは、心は**能動的**で常に**意味**を探している、と信じる。彼らはこうした考えに基づき、人間の顔を見分けるなどの視覚の働きについて熱心に研究した。

> 見知らぬ場所で、われわれは見慣れた顔を探し、見知らぬ者を知り合いと、一瞬、見間違えることもあるだろう。

> 特に知覚の全体性を強調するゲシュタルト理論は、その由来をカントにまでさかのぼることができる。

> さまざまな事象を知覚するとき、われわれは感じたことを、一定のやり方で意味づけていく。このようにして、心は統一された経験を作り出すのだ。

ゲシュタルト心理学者

　マックス・ヴェルトハイマー（1880〜1943）は、『運動視の実験的研究』（1912）を発表してゲシュタルト心理学を創始した。この論文は、一連の別々の静止像を速い速度で見せられると、静止した映像があたかも動いている（仮現運動）と錯覚することに注目したものだ。いうまでもないが、これは「映画」の原理となるものだ。（映画では、1秒間に28フレームの割合で像が映される。）中心となる実験は、次のようなものである。

φ（ファイ）現象

　ヴェルトハイマーは、2本のスリットの向こう側から2個のライトを照らすという、簡単な実験装置を作った。

> それぞれのライトのスイッチを、すばやく（0.06秒ごとの間隔で）入れたり切ったりすることによって、たった1つのライトが前後に**動いている**という錯覚が生まれた。これが「φ現象」である。

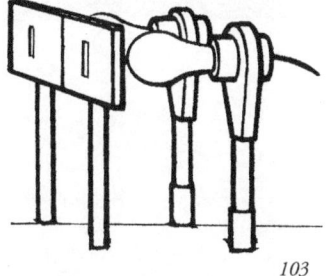

ヴェルトハイマーのこの簡単な実験は、次の2つの理由で重要とされる。
1．ヴントの説に異議を唱えた。
　ヴェルトハイマーは、仮現運動は知覚されるとおり存在した、と簡潔に説明した。つまりそれは、これ以上小さな部分に分けることができないのだ！
2．この実験によって、**全体は部分の総和より大きいこと**が見事に証明できる。
　φ現象は、ご存知のとおり、今日でもネオンサインの広告で広く使われている。

> 2つの別々の光（「要素」）が知覚されるはずだが……

> いいや違う！　たった1つの光に見える！

　ヴェルトハイマーは、博士号を有する2人の研究者にこの実験を行わせた。

コフカとケーラー

クルト・コフカ(1886～1941)は、1922年、『知覚:ゲシュタルト理論入門』を発表し、知覚におけるゲシュタルト心理学の基本概念を解説した。しかし、そのタイトルは誤解を招くものであった。なぜなら、ゲシュタルト主義は、もっと広義なもので、学習や思考全般をも含むものだからである。同じくコフカの『ゲシュタルト心理学の原理』(1935)は、より明確である。

ヴォルフガング・ケーラー(1887～1967)は、ゲシュタルト心理学の中心的な存在であった。ケーラーはマックス・プランク(現代量子物理学の創始者)とともに研究していたが、そのことが彼の科学的アプローチに強い影響を及ぼした。ケーラーの最も有名な研究は、1913年からカナリア諸島のテネリフェ島で行ったチンパンジーを用いた実験だった。第一次世界大戦の勃発により、彼はそこを動けなくなったようだ。

私は7年間研究を続けた……

『類人猿の知能』(1927)に記録されている。

ドイツにもどったケーラーは、『静止および定常状態における物理的ゲシュタルト』(1920)という第一級の論文を書き上げ、さらに包括的な論文『ゲシュタルト心理学』(1929)を著した。

ケーラーの実験は、今日のわれわれに、パブロフの古典的条件づけ、スキナーのオペラント条件づけ、バンデューラの社会的学習理論と並ぶ第4の重要な学習理論を示している。

洞察学習理論（あるいは「認知的学習」）

ケーラーは、チンパンジーに対して、単純な問題解決の課題を与えた。たとえば、なかが空洞で長さも太さも異なる竹の棒を何本か檻の外に置き、果物を外の手の届かないところに置いた。

> しばらくすると、チンパンジーのサルタンは、細い竹の棒を太い棒の端にどうにか押し込んでもっと長い棒を作り、それを使ってバナナを引き寄せた！

この明らかに自発的な状況理解と、とっさの解決を、ケーラーは**洞察**（ドイツ語でEinsicht）と呼んだ。

洞察はまた、よく「アーハ（Ah-Ha）！」現象とも呼ばれる（日本語なら、「ああ、わかった」現象といえばよいだろうか）。学習理論としてこれが重要なのは、前述した３つの理論と異なり、個人の思考の過程を考慮しているためである。人間もほかの動物も（「心のない」）条件づけや模倣によってだけではなく、**思考**によって学習することができるのだ。

知覚に関するゲシュタルトの基本原理

 視覚およびほかの感覚を含めた知覚が、特にヴェルトハイマーによって綿密に研究された。知覚には、感覚器官(たとえば視覚)と思考をつかさどる脳の双方の知覚が含まれる。

 あるものを知覚するとき、われわれは、単に個々の感覚の寄せ集めではなく**全体**の印象あるいは**傾向**を感じるのだ、とヴェルトハイマーは信じた。例をいくつか挙げよう。

1．近接の法則　　　　ooooooo

 この図では、点が互いに接近しているため、全体が線として知覚される。これは「近接の法則」である。

2．連続の法則

 この図は2つのV形ではなく、2本の線が交差しているものと知覚される傾向がある。

3．類同の法則

 横の列よりも、縦の列が知覚される。

4．閉合の法則

 欠けている部分は、当然、隠れているか偶然欠けてしまったと思われる。

5．プレグナンツの法則（＝「良好」、「適切」……）

 物体が左右対称であったり、単純あるいは安定している場合に、「よい状態」あるいは「適切」と感じられる。

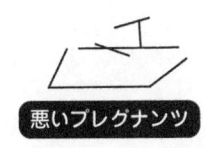

よいプレグナンツ　　　**悪いプレグナンツ**

6. 図と地の錯覚

われわれがものを知覚するとき、前景として浮き上がってくる領域とその背景となる領域がある。もし視覚の手がかりがあいまいなら、どっちが「前」か「後ろ」かはっきりしないため、2つの図が「交替」で現れる。

> 中心を10秒間見つめてごらん……2つの図が「交替に」現れるでしょ？

ルビンの盃と呼ばれる右の図形では、ふつう、盃と2つの顔は等しい割合で知覚される。

そのほかの多義図形のなかには、見る者のパーソナリティや期待（心の構え）によって、ある形に知覚されるものもある。

> 若者なら、ふつうまず若い女性が見えるはずだわ！

> あなたは、最初にどちらが見えた？

錯覚は、「心の能動性」を簡潔に証明するものである。

視覚以外の**ほかの感覚**も、同様に作用する。聴覚の場合、メロディは「全体」であり、単に個々の音の連続ではない。単純なメロディでさえ、深い感動を与えることができる！

思考のあらゆる局面で、これらのゲシュタルト的特性が認められる。感情面（たとえば、「出来事全体」に圧倒される）についてもそうだし、対人関係面（たとえば、ほかの人の「人格全体」）や社会面（たとえば、「集団全体」の影響）についても同様である。

ゲシュタルトの応用

セラピー

ゲシュタルトのセラピストは、障害の特定の徴候や症状だけでなく、「人物全体」を見ようとする。雇用、家庭生活、食習慣、運動および趣味など、個人のライフスタイル全体のなかに不満要素があるかもしれない。「ホリスティック（全般的）医療」も、これに似たアプローチを行う。

教育

ゲシュタルト的アプローチ（ヴェルトハイマーの『生産的思考』1945）によれば、学習者は、学習の状況を全体として認識する。

さらに、教師は以下のことをすべきである。
1. 刺激を与えるような活動を提供する。
2. 問題解決のためには、細部にとらわれることなく原則に焦点を合わせる。
3. 機械的な反復よりも、創造性を奨励する。

そこで、教師は、概要あるいはアウトライン（「全体像」）と要旨を与えることで、学習状況を全体として示すのがよいでしょう。

場の理論

　クルト・レヴィン（1890～1947）は、ゲシュタルト主義を拡大解釈して、人間の要求、パーソナリティ、社会的影響、そして特に動機にまで、この理論を適用した。ケーラーの例にならい、先駆的量子物理学者マックス・プランク（1858～1947）の影響を受けて、レヴィンは物理の**場**の理論を人間の場面に応用した。

　19世紀以降の物理学者は、物体の個々の構成要素（原子など）について考えるというより、「力の場」、いうなれば、磁気や電気などの力に影響される領域や空間という観点から研究するようになった。

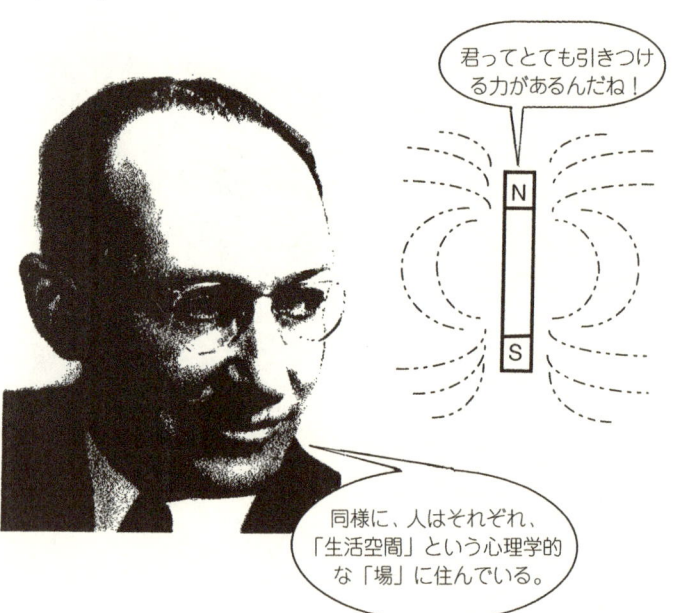

> 君ってとても引きつける力があるんだね！

> 同様に、人はそれぞれ、「生活空間」という心理学的な「場」に住んでいる。

　レヴィンは、運動、障害、外からの影響、関係、個人の野心などを含めた生活または状況の過去・現在・未来を示す図を開発した。それは、特に個人とそれを取りまく環境の**均衡**を図ろうとする試みを理解するのに役立つ。

「医者になりたい少年」の生活空間（レヴィン、1936）
P＝個人としての少年
ce＝大学入試
c＝大学
m＝医学部
i＝インターンシップ（助手）
pr＝開業する
G＝ゴールすなわち医者

　個人の行動にだけでなく、レヴィンはその考えを集団行動にも応用した。「社会の場」には下位集団、コミュニケーションの方向、障害、目標などの概念がある。

　レヴィンはまた、少年の集団における「リーダーシップの3スタイル」について名高い研究（レヴィン、リピット、ホワイト、1939）を行い、それぞれのスタイルを専制的、民主的、放任的と名づけた。

> 民主的集団の少年たちのほうが生産的で、より自主的に活動できるんだって

　今日、レヴィンの発見は、教育やセラピー（たとえば、グループセラピー）、経営管理に応用されている。

認知心理学の動き

今日理解されているとおり、認知心理学は、1960年にハーバードでブルーナーとミラーが「認知的研究のためのセンター」を設立し、ナイサーが『認知心理学』(1967) を発表したのが、本当の意味での始まりだった。ゴールマン (1983) によれば、特にナイサーの『認知心理学』は、その分野を確立し、認知心理学の名を広く知らしめるきっかけになった。

ここに至るまでの長い経緯には、単にゲシュタルト心理学者のみならず、ガスリーやトールマン(および行動主義に異論を唱える者たち)、ピアジェら、有力な心理学者の存在があった。

ジョージ・ミラー（1920～）は反行動主義者だった。

> 私は、行動だけでなく心も研究できるという「常識」に立ち返りたかったのだ。具体的に心の研究とは、知覚、概念の形成、記憶、言語等の研究を意味する。

> ラットを使って証明できなければ、いかなる心理学的現象も現実でないとみなされた。

アルリック・ナイサー（1928～）も、急進的な行動主義的アプローチに反対した。

1967年に『認知心理学』が出版されて以来、ナイサーは、「認知心理学の父」となった。彼は、**認知**とは「感覚器への入力情報が変形、減少、精緻化、蓄積、回復され使われる」過程であり、「人間がおそらく行うであろうあらゆることに関わっている」と定義した。

当時におけるコンピュータの進歩は、認知心理学にかなりのインパクトを与え、次に挙げる2つの重要な方法を生み出した。

(a) コンピュータ・モデル

心は一種のコンピュータとみなされる。

ハードウェア＝脳　　　　　　　ソフトウェア＝思考（言語）

- アウトプット（モーター）
- データプロセシング
- 記憶（一般的）
- 記憶（モーター）
- インプット（感覚）
- インプット（聴覚）
- インプット（視覚）
- インプット

このようなメタファーをみて、何も驚くことはない。それは、今に始まったことではないからだ。たとえば、17世紀には、時計が心のメタファーとして用いられた（基本的に最新の科学技術が用いられやすいのだ！）。たいていのメタファー同様、それは効果的である反面、文字どおりに受け取られすぎると問題である。事実、世界一大きなコンピュータでさえも、人間の脳に比べれば、非常に限られた能力しかないのだ。

(b) コンピュータを用いた研究

コンピュータを使ったデータの収集、照合、分析ができるようになった恩恵を、あらゆる分野の心理学が受けた。しかし、研究の手段としてコンピュータを乱用する傾向が認知心理学にある(といえるだろう)。実際、コンピュータ・プログラムを用いて、個人をテストするため、実験室がよく用いられる。

> 『認知と現実』(1976)において、私は、こうした傾向に幻滅していることを述べて、現実をもっと研究するように強く主張した。

以上のような問題にもかかわらず、現在では、教育心理学、臨床心理学、社会心理学、産業および組織心理学の研究において、認知的ファクターを幅広く取り入れていこうという動きがある。

だが、個人としての人間を強調する心理学として、独自のアプローチが生まれた。

4. 人間性心理学的観点

人間性心理学もまた(認知心理学の台頭と同様に)1960年代に発展し、アメリカにおいて精神分析と行動主義の後に続く「第3の力」となった。

人間性心理学の主な考え
1. **個人**、特に個人の選択、つまり、自由意志、創造性、自発性に焦点を合わせる。
2. **意識**の経験を強調する。
3. **人間性**全体に関するすべての心理。

ウィリアム・ジェームズ、ゲシュタルト主義者、何人かの新フロイト派(アドラー、ユング、ホーナイ、エリクソン、オールポート)など、さまざまな方面にルーツを求めることができる。

ゲシュタルト心理学の先駆けである、直接経験を研究する**現象学**(ミュラー、シュトゥンプ、フッサール)から、人間性心理学は発展したともいえる。

> けど、そうとも言い切れないぜ!

> 人間性アプローチは、広い意味で、現象学的な見方の一部とみなされる。

しかし、過去がどうであれ、1960年代の時代思潮は、人間性心理学が開花するための完璧な環境を用意した。

人間性心理学の哲学

　人間性心理学者たちはほかのどの観点の心理学者にもまして、行動主義を、プログラムできる機械のレベルまで人間を引き下げる偏狭極まりないもの、とみなした。

> いや、せいぜいわれわれを立派なラット扱いするといったところか。

> われわれはまた、フロイト派精神分析の、品位を落とすような決めつけ的見地にも反対した。

　彼らは、フロイト学派が精神の病および人間の本質のあらゆる否定的な局面（たとえば、みじめさ、嫉妬、憎しみ、恐れ、利己主義など）を強調することを批判した。

　代わりに人間性心理学者は、幸福、満足、エクスタシー、親切、気づかい、分かち合い、寛容など、すべての積極的特性を備えた精神の健全さを強調しようとした。

　なかでも特にマズローとロジャーズの2人が同じ考えを持っていた。

マズロー

　アブラハム・マズロー（1908～70）は、人間性心理学の「精神的な父」であった。彼は初め、熱烈な行動主義者であったが、そのアプローチの限界、特に「現実の人々」を無視するかにみえることにたいへん不満を覚えるようになった。

　マズローは、特に2人の身近な人物に影響された。ともにマズローの師にあたるルース・ベネディクト（人類学者）とマックス・ヴェルトハイマー（ゲシュタルト心理学者）である。

> そこで私は、なぜそのような「健全な人々」が「完全な人間らしさ」を体現できるのかを明らかにしようと考えた。さらに、私はほかの著名な人物を研究し、パターンと共通の特性を見つけだそうとした。

　この研究の結果（『動機づけと人格』および『人間の本質のさらなる研究』）、**自己実現**の理論が生まれた。自己実現とは、自らの才能と能力を使い、それを伸ばすことによって潜在能力を発揮しようというだれもが生まれながらにもっている欲求のことである。そのような達成感を体験する瞬間を、**至高体験**という。

　自己実現に到達するためには、あらゆる段階に存在する、より低次の「欲求」を満たさなければならない。

欲求のヒエラルキー

それぞれの欲求が満たされて初めて、1段階上の欲求が動機づけになる。

やったあ!!!

わあ、何てすばらしいながめだ！

自己実現
自分の全潜在能力を実現し「人としてなれるものはどんなものにもなる」

フーム……こいつはおもしろそうだぞ…

美の欲求
芸術の美と自然の美、対称、調和、秩序、形式

順調だ！

認知欲求
知識と理解、好奇心、探究心、意味と予測可能性への要求

おーい！元気？

評価の欲求
他人からの評価と尊敬および評価（自己評価と自尊）。有能であると感じること

このブーツはいいぞ！

愛と所属性
愛、愛情、信頼と受容を受け入れたり与えたり。集団（家族、友人、職場）の一員として仲間に入る

なんて朝ご飯だ！

安全性の欲求
潜在的に危険な物体や状況から身を守る。例、暴風雨、身体的疾病。脅威は肉体面と精神面の両面である（例、未知の恐怖）。日常繰り返されることやよく知っていることの重要性

生理的欲求
食物、飲み物、酸素、気温調節、排泄、休息、活動、セックス

これは、はしごのようなものだ。1番下から始まり、それぞれの欲求を満足させて初めて、1つ上の欲求が動機づけとなる。われわれはみな毎日、ヒエラルキーを何回かのぼったり降りたりして異なったレベルにたどり着き、再び一番下にもどるのだ。

ヒエラルキーの応用

教育：教師を訓練して、生徒に動機づけを与えさせる。具体的には、生徒が自分自身の学習計画を立てる（目標を設定し、規則正しい休憩をとる等）よう援助する。

セラピー：患者が自分自身の欲求と他人の欲求（愛と愛情の欲求、自己評価の重要性）を理解できるよう援助する。

マネージメント：マネージャーを訓練して、スタッフの欲求（清潔なトイレや社員食堂の要求、賞賛や励ましの要求等）を理解させ、彼らに援助と動機づけを与える。

> マズローが見つけた特質って何だい？

精神的に「健全な」人は、以下の特質を示す。
1. 現実を客観的に認識する。
2. 自分自身の特性を受け入れる。
3. 何らかの仕事に関わり専念する。
4. 行動は自然で簡潔、自発性がある。
5. 独立的である。自立性とプライバシーに対する欲求がある。
6. 強烈で神秘的な体験、至高体験をもつ。
7. 強い社会的関心も含めて、あらゆる人間への共感と愛情がある。
8. 服従に対して抵抗する。
9. 民主的特質をもつ。
10. 創造的であることを熱望する。

ところで、マズローはまた、人口のおよそ1％だけが自己実現できており、彼らは概して中年以上で、神経症でない、ということを発見した！

しかし、だれでも懸命に取り組めば、至高体験をすることができる！　それは、ロジャーズが人々を援助して達成させようとしたことの1つである。

ロジャーズ

カール・ロジャーズ（1902～87）はマズローの理論にたいへんよく似た自己実現の理論を発展させた。彼の理論もまた、人の潜在能力を発揮しようとする本能的欲求を強調する。しかし、両者には微妙な相違がある。ロジャーズは、その過程を進行中のものととらえることを好む。したがって、彼はマズローのSelf-Actualization（自己実現）よりもSelf-Actualizing（自己実現化）ということばを好んで用いたのである。

ロジャーズはまた、幼年期のしつけ、特に母親の役割が、成人してからのパーソナリティを決定するとても重大な要因だ、と考えた。

> 健全なパーソナリティは、母親の無条件の愛、すなわち「肯定的配慮」から生まれます。それは自我の発達を制限する「条件的な肯定的配慮」とは対極のものなのです。

ロジャーズの考えでは（1961）、精神的に健全な人は、次のような特徴を示す
1. あらゆる体験に対して心を開く。
2. あらゆる瞬間を充実して生きる力をもつ。
3. 他人の意志より自分自身の本能にしたがう意志をもつ。
4. 思考と行動における自由、たとえば、自発性、柔軟性がある。
5. 非常に創造的である。

ロジャリアンのセラピー

ロジャーズは、**人間中心**（あるいは「**クライエント中心**」）**セラピー**と呼ばれる精神療法のひとつのスタイルを作り上げた。

人間中心セラピーの本質は、クライエント（「患者」ではない）が、自分の人生の向上に責任をもつということにある。これは精神分析的アプローチおよび行動主義的アプローチ、そして慣習的な医療全般からの意図的転換だった。それらのアプローチでは、「患者」が「医者」（あるいはほかの「専門家」）によって「診断」され「治療」を**ほどこされる**。だが、ロジャリアン・セラピーでは、クライエントを変化させるのはセラピストではなく、クライエント自身である。

> クライエントは、意識的かつ理性的に、何が間違いで、それについて何をなすべきか、自分自身で決定せねばならない。

> セラピストは、どちらかといえば親友かカウンセラーのように、クライエントと同等のレベルで話を聞いたり勇気づけたりするのです。

自己概念

ロジャーズは特に、**自己概念**の役割を強調したが、それは**理想自己、自己イメージ、自己評価**という３つの部分からなる。

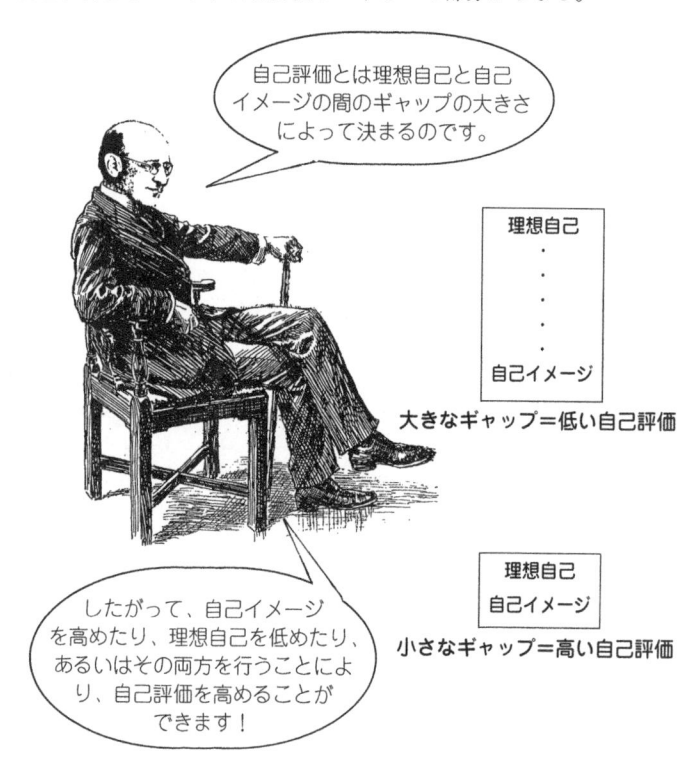

> 自己評価とは理想自己と自己イメージの間のギャップの大きさによって決まるのです。

| 理想自己 |
| ・ |
| ・ |
| ・ |
| ・ |
| 自己イメージ |

大きなギャップ＝低い自己評価

| 理想自己 |
| 自己イメージ |

小さなギャップ＝高い自己評価

> したがって、自己イメージを高めたり、理想自己を低めたり、あるいはその両方を行うことにより、自己評価を高めることができます！

ロジャーズのアプローチは、精神療法と一般の人々の「自己改善」に大きな影響を与えた。あいにく何年にもわたって、多くのインチキ専門家が「人間の潜在能力」に便乗しようとして、利益よりも害を与えてきた。また、人間性心理学の流れは依然として「学派」となっていない。それは、伝統を維持していけるほど強力な科学的理論も研究も存在しないためである。

しかし、同時に、次に紹介する２つの観点も学派とは呼べない。

5．生物心理学的観点

生物心理学（生物学的あるいは生理学的心理学、または神経心理学とも呼ばれる）は、身体、特に脳の活動を、**神経**や**化学物質**の点から記述し説明しようとするものだ。

> 生物心理学は生理学から発展したもので、心理学の初期から存在した。

> 生物心理学の進歩は、初期の光学顕微鏡から最近のスキャニングシステムまで、体を観察・測定するための技術の進歩と密接につながっている。

生物心理学は学派ではないが、**還元主義的アプローチ**（行動を神経単位的要素や生化学的要素にまで「還元する」こと）に非常によく似た傾向が見られる。大多数の生物心理学者にとって、「心」と「意識」は、単なる脳の活動である。心理学は実は生物科学だ、という者もいる（たとえば、ヘブ、プリブラム）。

生物心理学における共通の関心は、脳のそれぞれ異なった部分がどのような働きをしているか、その実態を知ることだ。それは**機能局在論**として知られている。

脳の機能地図

　簡単にいえば、脳は**表皮**、**内部**および**2つの半球**により構成される。「部分的機能」を確認しながら、それぞれを簡単にみていこう。

１．**表皮**あるいは**皮質**（その複雑な外見により、ラテン語の「木の皮」ということばがあてられている）は、脳の約80％を占める。おおよそ、それは次のような「地図」に表される。

左半球の皮質

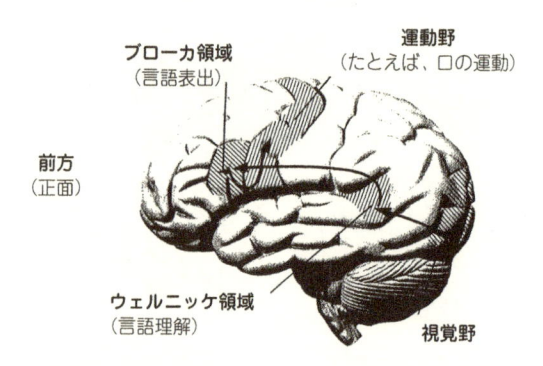

- ブローカ領域（言語表出）
- 運動野（たとえば、口の運動）
- 前方（正面）
- ウェルニッケ領域（言語理解）
- 視覚野

２．下の図は脳の**内部**の断面図で、基本的な機能構造を描いたものである。

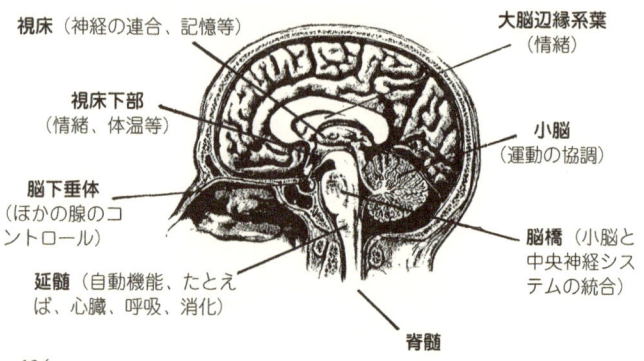

- 視床（神経の連合、記憶等）
- 大脳辺縁系葉（情緒）
- 視床下部（情緒、体温等）
- 小脳（運動の協調）
- 脳下垂体（ほかの腺のコントロール）
- 脳橋（小脳と中央神経システムの統合）
- 延髄（自動機能、たとえば、心臓、呼吸、消化）
- 脊髄

3．脳は2つの**大脳半球**からなり、**脳梁**と呼ばれる横走線維束でつながっている。健常者の場合、それぞれの半球にはいくつかの専門分野があるようだ。一般的に、左半球は身体の右側をコントロールし、右半球は身体の左側をコントロールする。

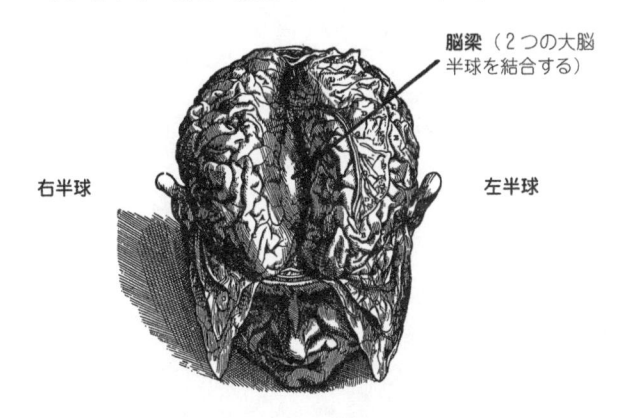

脳梁（2つの大脳半球を結合する）

右半球　　　　　　　　　　　**左半球**

さらに、大部分の人の場合、左半球は言語技能（たとえば、ことばの理解と表出）をつかさどると思われるが、右半球は、視空間的技能（たとえば、絵画、パターン認識、地図の利用）を扱う。

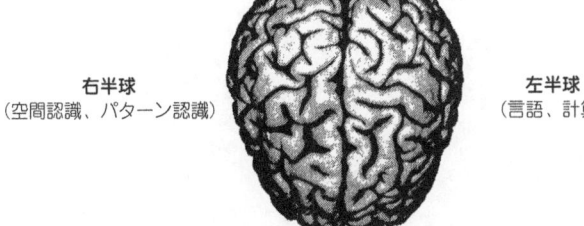

右半球　　　　　　　　　　　**左半球**
（空間認識、パターン認識）　　　　（言語、計算）

われわれは、右脳の使用を怠りがちだ、と主張する学者もいる（ベティ・エドワーズ『右脳図』1979）。また、性別による違いを示す証拠がいくつかある。言語に関しては、男性はより左半球優位性を示すが、一方、女性の大脳は男性に比べて左右の差が少なく、機能に関して左右対称的パターンを示す（木村、1987）。

「分離脳」の実験

ロジャー・スペリー（1964）は、もし脳梁が切断されると、2つの大脳半球は別個に機能するらしいことを発見した。スペリーの動物実験は、その後、てんかんの症状をもつ人間に対しても試みられた。患者に突然起こる、一方の大脳半球から他方に流れる「脳の嵐」といわれる脳波異常による影響を止めようとしたのだ。このように、患者の脳梁を切断する「分離脳」の手術を行うことによって、てんかん発作の破壊的影響を弱めることができるかに思われたが、彼らはときどき、まるで別々の2つの心をもっているかのように奇妙な行動をした。

> ある患者が腹を立て、一方の手で妻をなぐろうとしたが……

> もう一方の手が妻を守ろうとした（ガザニガ、1970）。

ところで、この現象は「統合失調症」とは無関係である。統合失調症は、よく間違って「分裂人格」と訳されるが、「砕けた人格」という表現のほうがよいだろう。真の「多重人格」は、きわめてまれである。

脳の研究

　機能局在論は、いくつかの活動にあてはまりそうだが（たとえば前出の感覚機能と運動機能）、この概念の極端な解釈は誤りである！　大部分の脳の活動には、多くの領域がともに機能して関わっている。また、臨床における事例研究により、脳が広範囲に損傷したり喪失しても、残る部分がその代わりをすることが証明されている。

　現在では、脳を傷つけずに外側から検査できる技術を使って研究ができる。脳の活動を測定する方法として定着しているのが「脳波」（1929年にH・ベルガーによって始められた）である。脳波検査は、意識のある人に苦痛を与えずに用いることができる。

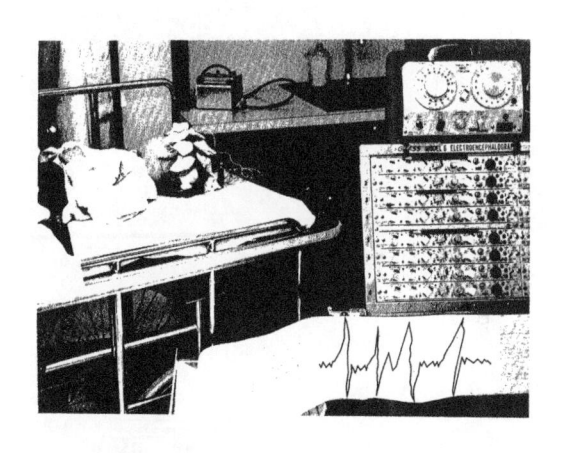

　平らな電極を肌の表面につけることにより（毛髪はそらなくてもよい）、頭蓋骨のちょうど下の大脳皮質の電気的活動がキャッチされ、増幅されてメーターあるいはペン・プロッターの上に現れる。たとえば、てんかんの徴候を見つけるための標準検査でも脳波測定が行われる。てんかんの場合、波形は極端な山形を示す。

　だが、はっきり読みとれる場合（たとえば、てんかんや死亡のように）は別として、脳波は「判断」が難しい！　しかし、ほかにも外側から検査できる技術がある。

その他の脳の研究技術

(a) **血管造影法**とは本質的に、血管のなかに注入された色素をX線で写真撮影する検査である。したがってこの方法では、血管と血液の流れしかわからない。

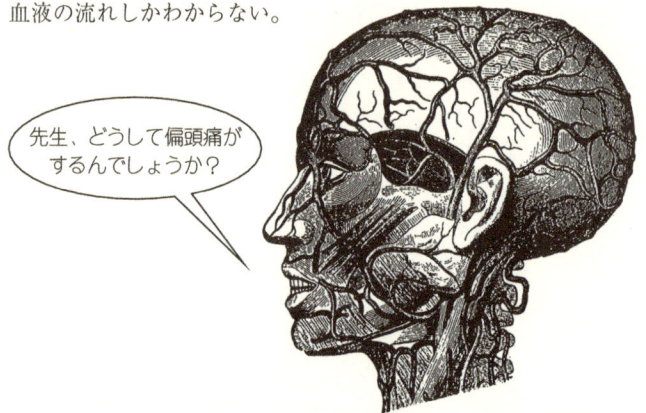

> 先生、どうして偏頭痛がするんでしょうか？

しかし、血管造影法は発作を起こす疾病、腫瘍など、潜在的病気の発見に役立つ。

(b) **CTスキャン**すなわちコンピュータX線体軸断層撮影法（1970年代初期に始まった）は、さらに精巧なX線画像で、ドーナツ形の輪を使って頭のまわりのあらゆる角度からとった像によって構成される。

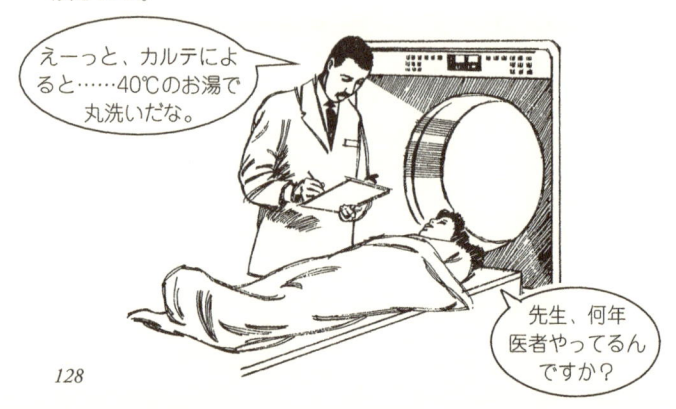

> えーっと、カルテによると……40℃のお湯で丸洗いだな。

> 先生、何年医者やってるんですか？

(c) **PETスキャン**すなわち陽電子放射断層Ｘ線撮影法（1980年代以降）は、低放射性のグルコースを体内に注入し、探知器を用いて活動する脳の**動く**画像を写し出す。よって、人が話したり、音楽を聴いたり、絵を描くなどの活動をしている間に、脳の働くようすを見ることができる。

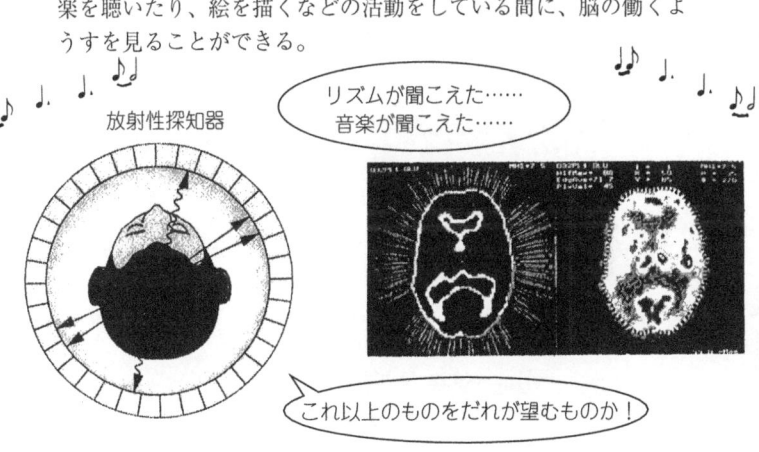

放射性探知器

リズムが聞こえた……
音楽が聞こえた……

これ以上のものをだれが望むものか！

(d) **MRI**：磁気共鳴画像法（シュールマン、1983）は、放射能を用いずに高磁場のなかで電波を照射する。患者が管のような装置のなかに寝ている間、小刻みにやかましい音を立てて電波が患者に照射される。これによって、体内の分子の状態を探り、人体の断面を映像化する。

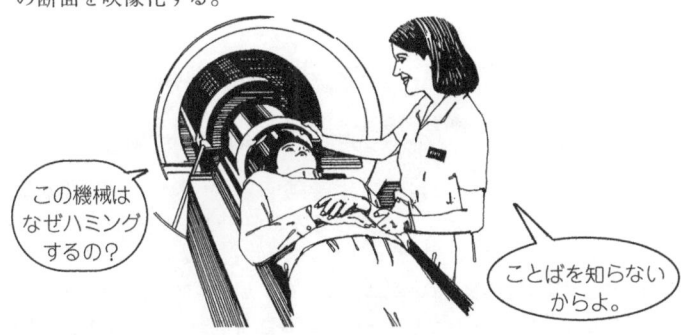

この機械は
なぜハミング
するの？

ことばを知らない
からよ。

これらの検査機器は、いずれも病院に設置されているもので、時間も費用もかかる。

神経系

神経系は**シナプス**によってつながれた**ニューロン**（神経細胞）からなる。

ニューロン

脳は、約150億のニューロンからなり、それぞれほかの何百ものニューロンと連接されている。

> **3つのタイプのニューロンがある。**
> 感覚ニューロン＝情報を受ける　運動ニューロン＝情報を、たとえば筋肉に運ぶ　介在ニューロン＝先の2つをつなぐ

典型的なニューロン

ソーマ（細胞体）＝5～100ミクロン（ミクロンは1000分の1ミリメートル）

→ 樹状突起（受信）　軸索（ミエリンにおおわれている）　終末ボタン（送信） →

ドナルド・ヘブ（1949）は、連結されたニューロンのかたまりによって特定の行動や考えが引き起こされる、という細胞集成体理論を生み出した。一つのニューロンが活動するとき、そこから軸索を通って次のニューロンへとメッセージが送られる。

シナプス

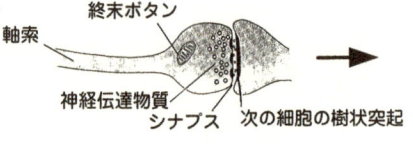

それぞれの軸索の端には、**シナプス**と呼ばれる狭い間隙（かんげき）があり、そこを渡って**神経伝達物質**と呼ばれる化学物質が次のニューロンへと伝わる。

軸索　終末ボタン　神経伝達物質　シナプス　次の細胞の樹状突起

このようにして、ニューロンがほかのニューロンを活性化する（「興奮させる」）とき、ちょうどスイッチがONの状態になっている（もちろん、スイッチにはONかOFFしかない）。ニューロンはドミノの列が倒れていくように、次々と「興奮」を伝えていく。もちろん、ほかのニューロンを「興奮させる」だけでなく、時には活性化しないように「抑制する」ことも必要である。したがって、神経伝達物質には異なった種類がある。

神経伝達物質

非常に重要な化学物質が3つある。

1．**アセチルコリン（ACh）** は、記憶力を刺激する。

> アルツハイマー病で記憶能力を失っている人は、アセチルコリンの量が少ないか、あるいはアセチルコリンの働きが妨げられている可能性がある。

2．**ドーパミン** は、運動能力、注意力、学習力を刺激する。

> パーキンソン病の人は、ドーパミンの量が少ないか、あるいはドーパミンの働きが悪いために、震え、バランス感覚の欠如などの症状が現れると考えられる。したがって、ドーパミンのレベルを上げるために、「L-ドーパ」という薬を投与すればよいだろう。

> しかし、ドーパミンの量が多すぎると思われる人もいる。統合失調症の人がこれに当たり、過剰なドーパミンをブロックするために、クロールプロマジンなどの薬が投与される。

3．**セロトニン（5-HT）** は、通常、覚醒と睡眠（たとえば夢）、気分（たとえば憂うつ）、食欲および感覚を抑制する。

> 臨床的抑うつの症状をもつ人は、シナプスにおいて活動しているセロトニンの量が少なすぎると考えられている。たとえばプロザックのような選択的セロトニン再取込阻害薬（SSRI）を服用して、セロトニンの機能を拡大するとよいだろう。

そのほかの主要な神経伝達物質には、グルタミン酸塩（またはグルタミン酸）、アスパラギン酸、グリシンがある。

神経系に加えて、また別の重要な伝達システムがあるので、次に見てみよう。

内分泌系

神経系は、われわれが環境にすばやく反応できるように迅速に働く（100分の数秒）。内分泌系は全般に、比較的ゆるやか（数秒あるいは数分）で長時間の効果を行動に及ぼす。

これは、内分泌系が、内分泌「腺」を通じて特別な化学物質である**ホルモン**を血管系のなかへ分泌し、ほかの腺や体全体に影響を与えるためである。

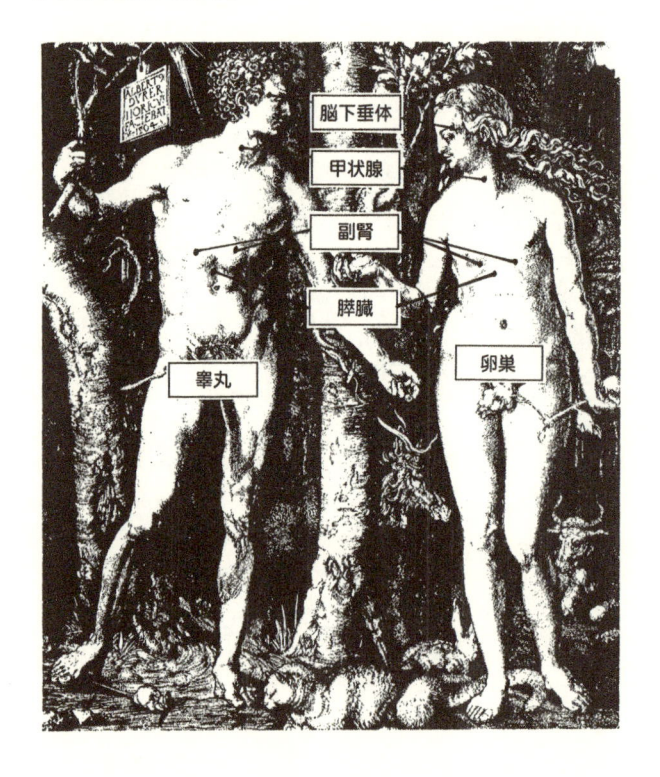

脳下垂体
甲状腺
副腎
膵臓
睾丸
卵巣

心理学者は特に、脳下垂体、副腎および性腺に関心をもつ。甲状腺と膵臓は、主に消化機能に関わる（ただし、それらの異常は気分の変化を引き起こすこともある）。

腺

脳下垂体は、ほかの腺をコントロールするため、「腺の支配者」として知られる。

たとえば、ストレスに満ちた状況になれば、視床下部（神経系と内分泌系をつなぐ脳の接続部分）からのメッセージを受け取った脳下垂体が「副腎皮質刺激ホルモン」（ACTH）を分泌し、それは血液の流れによって副腎（とそのほかの腺）へ運ばれる。

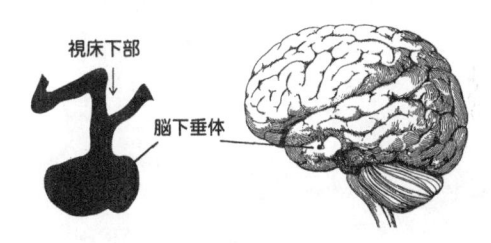

副腎は、ストレスに対処したり、気分やエネルギー・レベルを処理する重要な腺である。たとえば、上記のように、ストレスに満ちた状況で副腎皮質刺激ホルモンを受け取ると、内側の中心部分がアドレナリン（または「エピネフリン」）を分泌して心拍数の増加、発汗などを引き起こし、体を緊急事態に備えた状態にする。

そのほかの重要な働きをするものとして、**性腺**がある。

性腺

睾丸は「同化作用のステロイド」の「テストステロン」を作り出す。「同化作用」とは「増強」という意味で、テストステロンは筋肉を増強し脂肪を分解する。この物質は、比較的恒常的に作られ、攻撃的な行動の原因の一つである（ハット、1972）。

> 動物を去勢（睾丸を除去）すると、ふつう攻撃性が弱まる。

> 何千年もの間、農場で実践していることだ。

> 動物にテストステロンを注射すると、攻撃性が強まる。

雄の攻撃性は、人間を含めてたいていの動物であらゆる年齢にみられることだ。（雌にも攻撃性がみられる例として、妊婦や母親、それにカマキリやヒメグモのような昆虫が挙げられる。）

このように、テストステロンは性差を生み出す本質的な原因とみなされてきた。実際、暴力的な犯罪は、たいてい男性によって行われている。しかし、一部の研究（マッコビーとジャクリン、1974）がテストステロンと攻撃性の**相関**関係をことさらに強調するなど、「テストステロンによる説明」は誇張されすぎていると考える心理学者もいる。

卵巣は、「エストロゲン（卵胞ホルモン）」と「プロゲステロン（黄体ホルモン）」を生成する。

　エストロゲンは、「異化作用のステロイド」である。「異化作用」とは「分解」という意味で、筋肉を分解し脂肪を生成する。（また、エストロゲンが原因で水分が保持され、したがって1ヵ月のうちのある時期に体重が増加することになる。）

　プロゲステロンは、子宮の内側を覆い、乳を分泌して卵子の生成を中止することにより、女性に妊娠の準備をさせる。

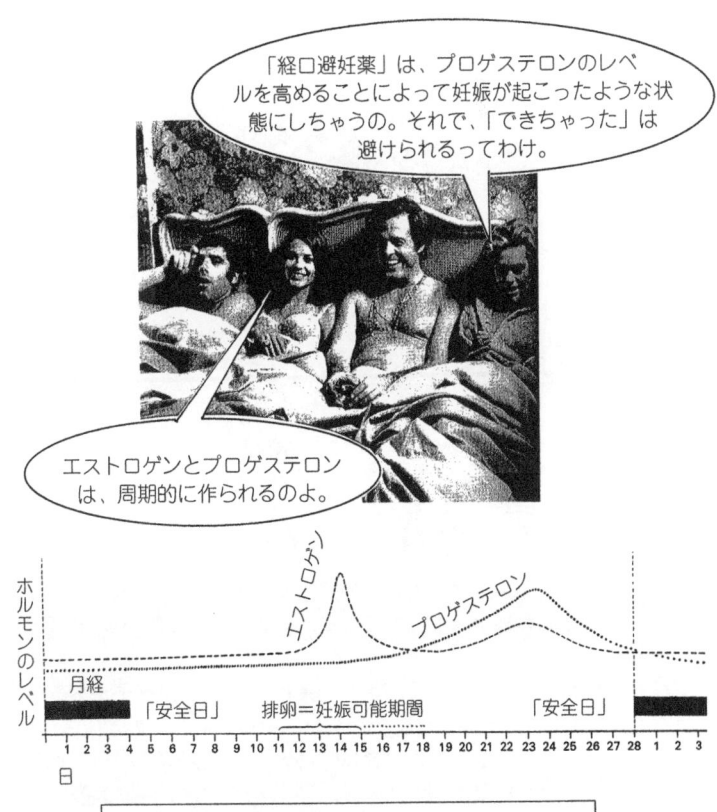

> 「経口避妊薬」は、プロゲステロンのレベルを高めることによって妊娠が起こったような状態にしちゃうの。それで、「できちゃった」は避けられるってわけ。

> エストロゲンとプロゲステロンは、周期的に作られるのよ。

（グラフ：ホルモンのレベル／月経／「安全日」／排卵＝妊娠可能期間／「安全日」／エストロゲン／プロゲステロン／日 1〜28、1〜3）

男性ホルモンは**たえず一定**で**単純**（コップ酒のように！）
女性ホルモンは**周期的**で**複雑**（カクテルのように！）

遺伝学

ヒトのそれぞれの細胞には「デオキシリボ核酸」（DNA）が含まれており、そのなかには体全体を作るためのあらゆる情報がたくわえられている。

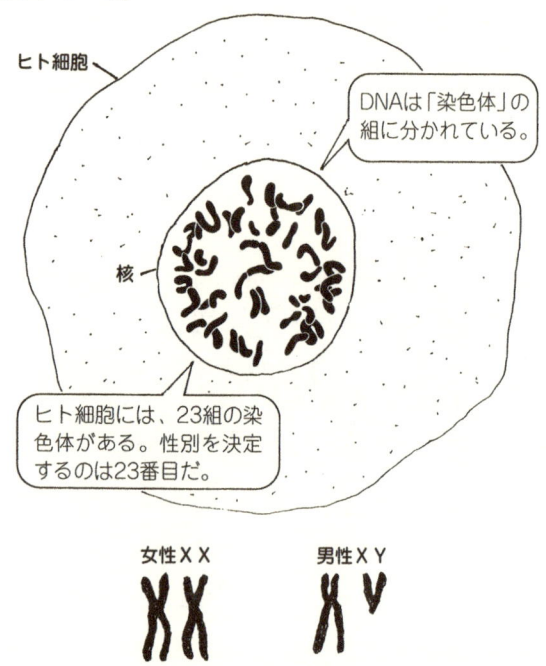

ヒト細胞

核

DNAは「染色体」の組に分かれている。

ヒト細胞には、23組の染色体がある。性別を決定するのは23番目だ。

女性ＸＸ　　**男性ＸＹ**

それぞれの染色体は、何百もの**遺伝子**（遺伝形質を決定する助けとなる生物の因子）でできていて、生殖を通じて親から子に伝えられる。

ヒトの細胞のＤＮＡには、約2万5000個前後の遺伝子がある。

現在、「ゲノム・プロジェクト」が、あらゆるヒトの遺伝子の位置づけをしようと、生物学者の研究結果を国際的にプールしている。この研究結果は、たとえば、デュシェンヌ型筋萎縮症、ハンチントン舞踏病の原因となる遺伝子を識別するなど、医療に応用される。

心理学における遺伝学

個々の遺伝子のなかには、目の色を茶色や青にする遺伝子のように特定の機能をもつと思われるものもあるが、総じて、身体的特性を生み出すために共同で働くと考えられる。

だが、一般的に、遺伝子が特定の行動の直接の原因になっているとは考えられない。

> 近年主張されているように、「犯罪者」や「同性愛」や「知能」の遺伝子が存在するとは考えられない。

> しかし、遺伝子グループが、そのような形質の発現にかかわっているのではないかと主張する者もおります。結論はまだ出ていません。

そうはいっても、動物を調査する限り、知能、愛情、攻撃性などの一般的行動特性を改良するのは可能なことがわかっている。したがって、少なくとも理論的には、人間にもそれがあてはまるだろう。だが、仮にそうだとしても、だからどうだというのか？ そこには、重大な倫理的意味が含まれている。

「遺伝対環境」という「重要な議論」が残っている。遺伝子の構造と環境が、どの程度行動を決定するのか？ 今日では、「相互作用主義」が、両者とも不可欠で切り離すことができないという見解を示している。

好んで行われてきた調査手法として、同一の遺伝子をもって生まれた人間すなわち一卵性双生児の研究がある。

双子の研究

　遺伝子の重要性を測定するために、別々に育てられた一卵性双生児が、知能、統合失調症などについて相関関係を用いて比較されてきた。

　アメリカとイギリスの研究者は、ＩＱテストを用いて、知能に関する有意な正の相関（0.6以上）を発見した（ニューマンほか、1928；シールズ、1962）。

　このような調査結果を論拠に「したがって、知能は大いに遺伝的である」と主張する心理学者もいる。そのひとり、ハンス・アイゼンクは、「気まぐれな性格の約80％は先天的である」と、悪名高い主張をした。

　一方、双子研究は信頼性も妥当性もない、と主張する心理学者もいる。その理由は、サンプルが少ない、別々に成長した双子のなかには似た環境で育てられた者もいる、などである。たとえば、カーミン（1974）は、ニューマンの研究で「別々に育てられたペア」の少なくとも１組は、結局同じ町に住み、また別の一組は、結局同じ学校に通った、と指摘した！

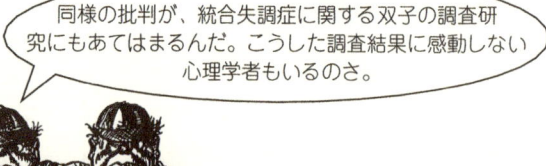

> 同様の批判が、統合失調症に関する双子の調査研究にもあてはまるんだ。こうした調査結果に感動しない心理学者もいるのさ。

> だからどうだというんだい？先天的なものは、変えることができないのだから、環境を改善することに努力を集中しなくちゃ！

　最後に紹介する観点は、環境である。

6．社会的および文化的観点

 行動は、最も広い意味での環境（家族、社会的階級、地位、人種、宗教、国および文化全般）に影響される。人は、自分の受けた教育や生活様式に慣れているため、ほかの国だけでなく、隣人でさえも、互いの環境がどんなに異なるものか忘れてしまうことがよくある！

 心理学におけるこのアプローチは、社会学と人類学から多くの概念を借用あるいは翻案している。たとえば、「社会化」（社会の「規範」やルールを学習する過程）がそうである。

 比較アプローチも有効だろう。

社会的および文化的観点は、社会的過程が

人と人との関係や集団行動において

社会化（言語、道徳）を通じて

パーソナリティ（タイプ、態度）を発達させ、

われわれに影響を与えることを気づかせてくれる。

 このアプローチは、自分と他人との「違い」と「類似」を、われわれに気づかせてくれる。

文化とは何か？

問題は、文化とは何かを定義することである。文化は、「人間が作った環境の一部」であり、**客体**（交通手段、調理器具、技術など）と**主体**（信念、価値、役割など）の2つの部分から構成されるといってよいだろう。

> やっかいなことに、文化は固定したものじゃなく、常に変化している。

> だから、「伝統的な」（変化の遅い）文化と「モダンな」（変化の速い）文化があるんだ。

> 「モダン」のほうが「進歩する」からいいという考えにご用心。進歩してどうなるというんだ？

「文化」ということばが、国のまとまりをさすことがよくある。たとえば、「西洋」といえばアメリカとヨーロッパの大部分の国を意味する。これでは、オーストラリア、香港、日本といった文化的に関係のある他の国々を除外し、同じグループのなかの違いを見落とすことになりかねない。

文化的分析

ホフシュテッドとトリアンディスは、文化間の違いを分析した。

ホフシュテッド（1980）：4つの文化的次元
1. **権力の格差**
   地位に応じて示される尊敬と服従
2. **不確実性の回避**
   計画性と安定性の重視
3. **個人主義対集団主義**
   アイデンティティが個人的か、あるいは集団に基づくものか
   例　西洋＝より個人主義的；東洋＝より集団主義的
4. **男性社会対女性社会**
   目標を達成することが重要か（「男性社会」）、
   あるいは人と人との調和が重要か（「女性社会」）
   例　日本＝男性社会；スウェーデン＝女性社会

トリアンディス（1990）：3つの主要な「文化型」
1. **文化的複雑性**
   例　時間や宗教がどの程度重要か
2. **個人主義対集団主義**（ホフシュテッドの3と同様）
3. **厳しさ対ゆるやかさ**
   規範を守り通すか、逸脱が許されるか
   例　日本＝厳しい；タイ・香港・シンガポール＝ゆるやか

なぜ、こんなに多くの異なった文化があるのか？　この事実から、また別の問題が生まれる。

自民族中心主義

　何が「当然」で「正しい」かを、自分が所属する民族あるいは文化集団の規範や価値観によって定義づけようとする傾向は、「自民族中心主義」と呼ばれる。極端な自民族中心主義の危険性を、歴史の教訓としてよく知っておくべきである。特に、ナショナリズムが憎しみや迫害へと発展していったことを忘れてはならない。不幸にも、この教訓は、21世紀になっても依然として生かされていない。

　アカデミズムにおける自民族中心主義は、多くの学問における問題である。

> 心理学も、その1つ——アメリカ人やイギリス人、それにある特定のヨーロッパ人によって支配された学問よ。

> このままではよくないが、社会心理学の研究の大多数は北アメリカで実施されてるよな。

> なぜ、心理学者はたいてい白人男性なの?

　さらに心理学を偏狭なものにしているのは、心理学的調査の参加者の大部分が10代の終わりから20代はじめの大学の学部生という事実だ!

　自民族中心主義が生まれる過程は、人種差別や性差別、いやそれだけでなく、あらゆる偏見が生まれる過程に似ている。

　しかし、特に有名な、ある異文化間研究を行ったのは白人女性だった。

異文化間研究

マーガレット・ミード（1901〜78）は、『3つの原始的社会における性と気質』（1935）のなかで、ニューギニアの3つの部族について次のように述べている。

アラペッシュ族は、男性も女性もたいてい非攻撃的で、子どもに対して温かく愛情をもって接する。

マンダグモール族は、男性も女性も攻撃的で、子どもに対して冷たく放任的である。

チャンブリ族の文化は最も珍しく、男性は服従的で消極的である。

> 俺たちは、一日のほとんどをうわさ話をしたり化粧をしたりして過ごすんだ。

> それに対して私たち女性は支配的、攻撃的ですべてを管理しているの。

> 子どもは、これらの役割を模範とするよう奨励されるのです。

ミードが当時見た、チャンブリ族における性の「役割逆転」は、「文化相対主義」の論拠として、しばしば引用される。文化相対主義は、生まれながらの性の違いによって、性の役割が決まるという「遺伝論」と対立するものである。

ミードはこれらの部族とともに住み、ある特定の行動を記録するという主観的な「参加観察」法をとったことで批判されてきた。文化的要因のほかに考えられる影響、たとえば遺伝的影響、食べ物の影響についてもわからない。いずれにしても、これらの部族は世界人口のごくわずかを占めるに過ぎない。とはいえこの研究は、単に性に関してだけでなく、さまざまな問題を考えるにあたって文化相対主義が重要であることを示すものだ。

以上、6つの理論的観点について述べた。ただし、実際には、心理学が扱うテーマは、これから解説する、発達心理学、社会心理学、比較心理学、個人差心理学の4つの専門分野にわかれている。

発達心理学

発達心理学は、生まれたときから行動がどのように変化していくかを扱うもので、主に子どもに関する研究となる。しかし、発達は人の一生を通じて続くものなので、青年期、成人期および老年期も研究対象に含まれる。特に重要な発達心理学者を2人挙げるとすれば、ピアジェとボウルビーである。

ピアジェ

ジャン・ピアジェ（1896〜1980）は、認知的発達を研究し、子どもは単に未熟な人間ではなく、おとなとは異なった考え方をする人間であることを示した。ピアジェは、4つの相互に関係する理論を生み出した。

1．段階理論：認知的発達には4つの段階がある。
(a) 感覚運動期（0〜2歳）：子どもは感覚と運動（動作）を通じて環境について学び、それをコントロールし始める。反復は重要である。

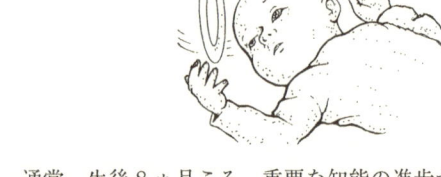

通常、生後8ヵ月ころ、重要な知能の進歩がみられ、対象が見えなくなっても、その対象が存在し続けていること（**対象の永続性**）に気づくようになる。それより月齢の低い赤ん坊なら、対象を覆い隠せば消えてなくなったように反応する。

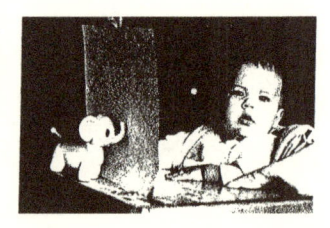

(b) 前操作期（2〜7歳）：知能が本格的に伸びる（次の）段階の前に、子どもは言語を習得し、その結果、自分以外の人にはものが異なったように見えることを理解する。

> この段階では、小さな子はまだ「自己中心的」で、他人の視点でものを見ることができない。

> でも、おうちが見える**はず**だよ——ぼくには見えるもの！

(c) 具体的操作期（7〜11歳）：この時期、対象が目に見えるもの（具体的）であれば、精神的作業（操作）が行われる。

数の保存性の実験

まったく同じに配列されたものを2列見せる。子どもの前で、一方の配列を変えて見せる。

> さて、どちらの列が、数が多いかな？

> こっち！

結論：6歳以下の子どもは、「数の概念を保存する」ことができない。たとえ配列が違っても数は同じだということに、彼らは気づかないのだ。6歳ころから数の概念を保存することができるようになり、配列は関係ないことに気づく。体積について理解できるのは、これより後である。

物質量の保存性の実験
1．小さな子に、同じ大きさのボール状の粘土を2つ見せる。
2．おとなが一方をソーセージ状にして見せる。
3．おとなが質問する。

> さあて、どちらの方が大きいかな？

> こっち！

体積の保存性の実験
1．小さな子に、1つは細くて背の高い、もう1つは幅が広くて背の低いガラス容器を見せる。
2．おとなが、幅が広くて背の低いガラス容器から、細くて背の高いガラス容器へ液体を注いで見せる。
3．おとなが質問する。

> さあ、どっちのほうが多い？

> こっち！

結論：小さな子（およそ9歳以下）は、量や体積の概念を「保存する」ことができない。たとえ形が変わっても、量や体積は同じだと理解することができないのだ。しかし、具体的操作期に、子ども（一般的に9～11歳）は保存の能力を発達させる。具体的操作をマスターしてから、子どもは最終段階へと進む。

(d) 形式的操作期（11歳以降）：抽象的概念、つまり見えないもの（具体的でないもの）を用いて、精神的作業を行うことができる。

振り子の実験

> 振り子の揺れを速くしたり遅くしたりするために、最も重要なことは何だろう？

> （1）おもりの大きさ？
> （2）糸の長さ？
> （3）押す力の強さ？

結論：およそ12歳以上の子は、この問題を解くことができる。
答え：（2）糸の長さ（すべてのおとながこの段階に達するわけではない！）
総括：ここで示された年齢は、おおよその基準である。重要なのは、段階が連続しているということである。それでも、ピアジェは非常に悲観的だと批評家は主張する。問題をもっと子どもの興味を引くように示せば、子どもはもっと小さい時期でも作業を行うことができる、というのだ。たとえば、マクガリグルとドナルドソンは、1974年に「いたずらテディ・ベア」を用いて、ものを配列し直す実験を行った。段階理論は比較的わかりやすいが、次に述べる理論は、理解しにくいものだ。

2．スキーマ理論 この理論は、単純なアイディアを積み上げ、複雑な思考を作り上げていく作業によって、人間が、生涯を通じて、いかに概念を発展させていくかを説明したものである。**スキーマ**とは、いうなれば形を変える積み木のようなもので、「精神面の働き」ともいえる。

> 新生児は、たとえば吸うという反射運動など、単純で限られたスキーマしかもっていないわ。

> そこから、口を使うことを発達させ、音を加えて言語を習得し、その結果、言語能力という高度に複雑なスキーマが発達するのでちゅ！

スキーマは、以下の2つのプロセスを通じて発達する。

(a) 同化（生物学の用語）は、「取り入れること」を意味する。たとえば、初期の「つかむスキーマ」によって、赤ん坊は小さい手近な対象をつかんだりつまんだりできるのだ。

(b) 調節（これも生物学の用語）は、「変化すること」を意味する。たとえば、「つかむスキーマ」は、大きさや形、重さの違う対象に合わせて変化することによって発達するのだ。

これら2つのプロセスは、赤ん坊だけに重要なわけではない。

おとなのスキーマ

(a) 再認は主に同化である。再認は、環境を取り込み、対象がいつもと変わらないことを確かめることによって、安心感を得ることである。

> そう、私のベッド
> 私のタンス
> 私のテディ

(b) 一方、**学習**は、主に調節である。学習は新しい情報をつけ加えて、今ある知識を変えていくことである。

> へえーっ！ 今までこんなこと知らなかったよ！

以上の例からすると、人は日常において、（今あるものの）再認と（新たなものの）学習の双方を経験せねばならないことになる。もし再認が多すぎれば、つまり、すべてがずっと変わらなければ、人生は退屈なものになるだろう。もし学習が多すぎて、たえず新しいことばかりならば、人生は混乱したものになるだろう。

要約：同化と調節を通じてスキーマを発達させ、使うことにより、変化する環境に適応できるようになる（「知能」はすばやく適応している）。適応はまた、次の理論の特徴でもある。

3. 遊び理論

ピアジェ（1951）は、遊びを、主に同化を伴う適応的活動とみなした。遊びによって子どもは、現実の世界を自分の必要性と経験に合わせようとする。

一方、模倣は、主に調節である。子どもは他の人をまねることによって、自分の行動を変化させる。

ピアジェは、遊びは自分のために行われる、と強調した。子どもは、「さらに努力して学習したり調べたりするのではなく、単にそれをマスターする喜びで行動を繰り返すのだ」（ピアジェ、1951）。

認知的発達の最初の3段階に対応して、遊びにも3つの段階がある。

(a) 機能行使の遊びまたは感覚運動的な遊び

それは行動の反復であるため、こう呼ばれる。

(b) 象徴遊びまたはごっこ遊び

空想遊びや役割遊び、象徴が使われるため、こう呼ばれる。

「お医者さんと看護師さんごっこをしよう!」

「いいわよ。じゃ、看護師さんにならせてあげる。」

もちろん、言語はそれ自体が象徴であり、象徴遊びにおいても重要な意味をもつ。

(c) 規則遊び

その名が示すように、子どもが遊びのなかで規則を用いるのでこう呼ばれる。規則はときとして遊びを支配する。

「それはしちゃだめ――だって規則にないことだもん!」

「あいつじゃなくて――おまえだろう!」

「いーや、いいとも!――おまえが、さっきそう決めたじゃないか!」

規則を使えるというこの能力は、善悪の区別を学ぶにあたって重要である。

4．道徳理論

9歳以下の子どもは、他の人に教えられた規則を使って何が「よい」ことかを判断する、とピアジェは発見した。ピアジェのことばを借りれば、彼らは**他律的**（ヘトロノマス）である。その後、もっと自分自身で判断できるようになると、**自律的**（オートノマス）になる。小さい子はふつう、行為の**意図**よりもむしろ**結果**によって、ものごとを判断する。ピアジェはこの2つの要素を組み合わせた話を子どもたちひとりひとりに聞かせて、彼らがどのように判断するかをテストした。

---

1 の子どもは、わざとカーペットにミルクを少しこぼしました。それに対して2 の子どもは、偶然、カーペットにミルクをたくさんこぼしました。さて、どっちのほうがいたずらっ子かな？

2番目の子どものほうが悪い――だって、たくさんこぼしたんだもん！

けれど、9歳以上の子は、意図のほうが重要なことに気がつくのです。

いや、最初の子のほうが悪い――だって、わざとやったんだから！

ピアジェの理論は、特にヨーロッパで教育に大きな影響を与えた。たとえば、子どもは独自の速さで発達するので、多くの重要な認知能力（たとえば、数の保存性）は、実際教えることができない。したがって、教師は刺激を与える環境を提供し、**発見学習**を通じて発達を促進させねばならないという考えが広まった。

ボウルビー

ジョン・ボウルビー（1907～90）は、情緒的発達の研究に力を入れた。1951年に、世界保健機関（WHO）が彼の論文『母性的養育と精神的健康』を刊行してから、その名が知られるようになった。

> 母親の愛情は、ビタミンやミネラルと同様、発達にとって重要なものだ。

ボウルビーは、母性剥奪と青少年の非行に正の相関関係があるという証拠を発見し（1946）、母親は子どもと共に家にいるべきだ、という（感情的な！）結論を引き出した。

この主張は、母親たちが働きに出ないよう説得するために、政府によって利用された。それは、1950年代前半において、当時失業中の退役軍人に職を与えるための都合のよい策略だったのだ。

ボウルビーにはほかにも議論を呼びそうな考えがある。それは、子どもが示す情緒的な愛着はひとつだけで、ふつうは母親に対して示す、というものである。これを**モノトロピー**という。

その後、愛着に関する研究は、ボウルビーの立場に賛成するか、それとも反対するかを問う論争へと発展していった。

「ボウルビーに賛成する者たち」

(1) アメリカの精神科医、特にH・M・スキールズとR・A・スピッツは、養護施設で愛情を与えられずに育った赤ん坊は、情緒的に内向的で「無感動」になることを発見した。

(2) ハリー・ハーロー（1959）は、アカゲザルの赤ん坊が、乳をくれるが体が針金でできている代理の「母親」よりもむしろ、乳はくれないが体が柔らかい布でできている代理の「母親」のほうに愛着を示すことを発見した。

> だから、「欲得ずくの愛情」が愛着につながるわけじゃない。

さらに、生みの母親から引き離されて育ったサルは、成長すると反社会的になり、性的にも問題があり親としての能力も劣った（ハーロー、1962）。

「ボウルビーに反対する者たち」

(1) アンナ・フロイトとソフィー・ダンは、第二次世界大戦の強制収容所から救出された3歳前後の孤児6人のグループに関するケーススタディを発表した（1951）。彼らはイギリスへ移されて、ブルドッグズ・バンクの難民センターに住むことになったが、そこでの彼らは非常に攻撃的だった。

しかし、彼らは互いに結びつくことで、明らかにこの心的外傷(トラウマ)を切り抜け、およそ3年間で社会的な生活が送れるようになった。

だが、長期的影響は明らかでない。

(2) 異文化間研究によって、子どもはしばしば生得的傾向として何人かの仲間と結びつくことがわかった。たとえば、メリー・エインズワース（1967）は、ウガンダのガンダ族を研究し、多様な形の愛着があることを発見した。

以上2つの研究は、ボウルビーの「モノトロピー」理論に反論するものである。

ボウルビーに対する評価

 マイケル・ラターは、ボウルビーはある部分では正しいが、ある部分では間違っていると唱える。ワイト島におけるラターの研究（1972）では、家族の崩壊と青少年の非行の間に有意な正の相関が見られた。これはボウルビーの説を支持することになる。しかし、母子分離というボウルビーの概念は、あまりにもあいまいである。ラターは、**剝奪**すなわち母親との死別・生別と、**欠如**すなわち母性的養育の欠乏を区別すべきだ、との有益な提案をしている。ラターはまた、そのほかの要因が重要だ、と考える。たとえば、ダメージとなり得るのは親の離婚それ自体よりむしろ離婚によって生み出されるストレスだ、と考えたのである。

 メイビス・ヘザリントンら（1978）も、親の離婚によって生じるストレスは子どもに影響を与え、怒りや抑うつ、非行の原因となる可能性のあることを発見した。

> したがって、ボウルビーは、幼年期における愛情の重要性を強調し、愛情の欠如とその後の非行の結びつきについて警告した点では正しかったのだよ。

> でも、重要なのは母親だけじゃないし、母親が働きに出ているかどうかは、それ自体ほとんど関係ないことよ。

 そのほかの影響は、広範囲にわたる**社会的**要因によってもたらされる。

社会心理学

社会心理学には、以下の研究が含まれる。
対人関係（たとえば、他者の評価、魅力）
パーソナリティ（たとえば、類型、自己概念、態度）
集団行動（たとえば、同調、服従）

対人関係は、もちろん、幼年期や青年期に形成される発達期の関係に左右されることがある。ここで述べる研究は、**他者の評価**と**性的魅力**に焦点を合わせたものである。

(1) 他者の評価は、たいてい、その人がもっていると思われる主な性質に基づいて行われる。アッシュ（1946）とケリー（1950）は、われわれは「中心的特質」（「周辺的特質」の対義語）を探すことを見出した。たとえば、寛大でユーモアがあって、社交的な「温かい」人か、あるいは反対に「冷たい」人か、というようにである。

ある人物の中心的特質に対する評価を、全体的評価にまで広げてしまうと、**ハロー（光背）効果**が起こる。

> たとえば、もしだれかのことを、基本的に「いいやつだ」とか「好感がもてる」と感じたら、そいつのすること全部がよく見えてくるものさ。

> あいつらが悪いことするはずない！

同様に、「悪い」と思われた人物は、何をやっても嫌われてしまうのだ。

初頭・新近効果とは、われわれが人物に関する情報を得るのは、出会ってすぐ（初頭）か、もしくはあとになってから（新近）、というものである。初頭効果（「第一印象が大切」）は、人に会った瞬間（数秒以内）に起こり、顔、服装、癖、ことばづかいなどから印象を受ける。

ルーチンス（1957）は、人は最初に受けた情報によって（たとえあとで逆になったとしても）、その人物は基本的に「内向型」であるか「外向型」であるかを判断することに気づいた。

> これは、たとえば法廷で、たいへん重要となるだろう。

> 一方、もし新たに重要な情報が見つかれば、新近効果が起こり得る。

> 新近効果が起こるのは、特に、われわれがよく知っていると思っている人物の場合で、最初の情報と最新の情報の時間的間隔が比較的長いときだ。

(2) 性的魅力

われわれが、だれかを好きになったり、愛したりする際には、いくつかの心理的プロセスがかかわっている。

(a) **適合性**：人は、自分と全体的に似ている、いわゆる「つり合った」人と「ペアになる」傾向がある。これは、身体的魅力（マースタイン、1972）や教育、知能指数などの要因（ハットフィールドほか、1978）に関していえることである。また、文化、特に宗教も重要な要因となる（ニューカム、1961）。だが、ときには、「正反対の者どうしが引き合う」場合もある（ウィンチ、1955）。

(b) **報酬と費用**：注目、愛情、信頼、安心感、共有、技能、情報、地位、金、エネルギー、生殖、セックス……心理学者のなかには、人間関係を会計士のバランスシートのようなものだ、と考える者もいる（たとえば、ブラウ、1964；ホーマンズ、1974；バーシャイドとウォルスター、1978）。

> 彼女は本当に感情を費やすだけの価値があるのか？

> 利益＝報酬－費用

人間関係のなかでは、見返りを期待する**投資**的感覚も働く。また、「どうせ無理だから、美人で金持ちの妻（ハンサムでお金持ちの夫）でなくていい」といった**予期**に基づく**妥協**もある。

(c) **特定の要因**

・身体的魅力は、特に男性にとって、初めは重要な要因である（ウォルスターほか、1966）。

・親しみとあけっぴろげな態度は、好感度を高めるようである（フェスティンガーほか、1950；ザイオンスほか、1971、1974）。

広告や政治キャンペーンによく使われる手法だ！

・相互の好意、つまり、自分に好意をもってくれるだろうと思う人を好きになる傾向がある！（アロンソン、1976）

態度

態度は、社会心理学の基礎をなす。特に社会的コントロール（戦争宣伝、政治キャンペーン、健康と安全）や広告に対する態度変容の研究が数多くある。

> 態度は以下の3つの側面に分類できる。
> 1. **認知的** —— 信念（事実に基づくものと不明確なもの）
>   例「喫煙はガンの主要な原因である」
> 2. **感情的** —— 情緒的感情
>   例「タバコのにおいが嫌いだ」
> 3. **行動的** —— 実際の行為
>   例「私は禁煙のレストランでしか食事しない」

これら3つのすべて、特に感情的側面に働きかけることによって態度を変えさせることができる（ジャニスとフェッシュバッハ、1953）。

態度に関するデータは、サーストン（1929）とリッカート（1932）が考案した「アンケート」によって集められることが多い。

喫煙に関する態度についてのアンケート
それぞれの項目について、該当するものにひとつだけ✓をつけてください。

	強く賛成	賛成	わからない	反対	強く反対
喫煙はガンの主要な原因である					
タバコのにおいが嫌いだ					
私は禁煙のレストランでしか食事しない					

偏見とは、極端な態度のことである。それは、潜在的危険を避けるために学習された反応で、ある意味では役立つものだといえるだろう。（もし、ある食物を摂って気分が悪くなれば、似たような食物は避ける。）しかし、偏見は人種差別主義（ベンソンほか、1976）、性差別や老人差別、種人差別などさまざまな不合理で反社会的な行動に通じる可能性もある。

1977年にジェーン・エリオットが「茶色の目の人は青い目の人より優れている」と述べることで偏見を実際に作ってみせたように、偏見は簡単に生み出すことができる。

偏見を解消するためには、以下のような方法をとればいい。(1) 平等な立場に立った競争のないつき合いをする、(2) 協力して共通の目標を追求する（ブラウン、1986）。

集団行動

同調(集団の影響)と服従(人からの指示)は区別することができる。

同調

アッシュ(1951)の研究によると、小さな集団は個人に影響を与えて、間違った意見に同意させることができる。「線分の長さを比較する実験」で、アッシュは、被験者のなかにサクラを紛れ込ませて、わざと間違った回答をさせた。その結果、被験者の32％がすべての実験で間違った意見に同意し、75％が1回は間違った意見に同意した。

> みんなにメー惑をかけるみたいで気が引けたんです…

> 人と違うこと言って浮いてしまうのが恐かったので…

> 間違うのがいやだったもんで、つい…

この実験によって、多くの人々が「羊のような」性質をもっていることが浮き彫りになった。その性質は、法律にしたがう、礼儀正しいなど社会的にふさわしい行動にはたいへん役立つが、ときとして嘆かわしい結果を招くことになる(たとえば「流行のとりこ」になってしまうなど)。そしてこの性質は、次項で示すような危険性を秘めている。

※訳者注:アッシュは同様の実験を、被験者ならびにサクラの数をいろいろと変えて行った。

服従

 ミルグラム (1963) は、学習場面を設定し、被験者に「教師」役をつとめさせた。そして、「生徒」役が間違った答えをするたびに「電気ショック」を次第に強めていくよう求めた。隣の部屋にいる「生徒」役からは180ボルトで「痛くてがまんできない」と叫ぶ声が、270ボルトでうめく声が聞こえてくるようになっている。
 教師役が抗議しても、ミルグラムは各被験者に、もしかすると命取りになるかもしれない450ボルトまで引き続き電圧を上げていくよう求めた。

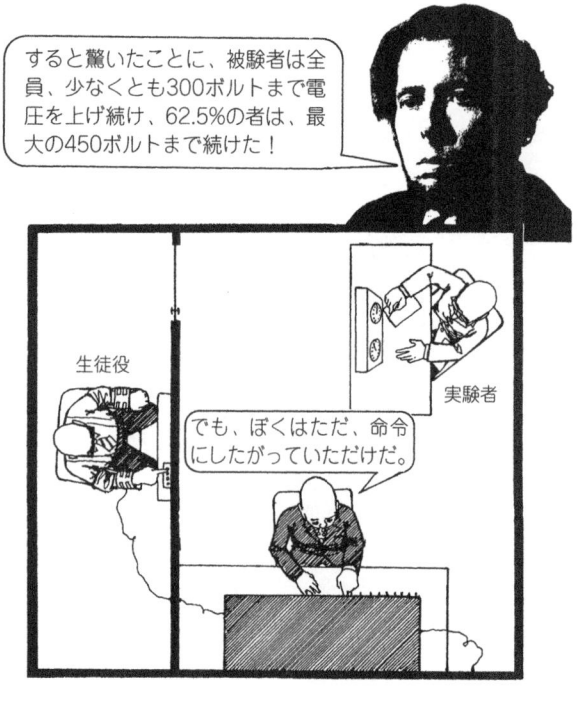

> すると驚いたことに、被験者は全員、少なくとも300ボルトまで電圧を上げ続け、62.5%の者は、最大の450ボルトまで続けた！

生徒役

実験者

> でも、ぼくはただ、命令にしたがっていただけだ。

 後になって初めて、被験者たちは、「生徒」役は実は役者で、実際には電気ショックは与えられていなかったことを知らされた！
 この実験は、「正常な人」でも説得されて罪を犯してしまう可能性があることを示した。

比較心理学

動物は、人間と**比較**するために研究されてきたが、それ自体も興味深い研究対象である。

動物を扱う心理学は、「実験室」研究と「自然」研究という荒っぽい分け方をされることがあるが、後者は、ローレンツやティンベルヘンのように、自然な生息環境のなかで動物を研究した**比較行動学者**に強く影響されている。

「実験室」研究は4つの主要な学習理論を提供したが、それは、行動主義的観点と認知的観点の節においてすでに登場したものである。

> **学習理論の要約**
> 1．古典的条件づけ（パブロフ）——P.69
> 2．オペラント条件づけ（スキナー）——P.84
> 3．社会的学習理論（バンデューラ）——P.96
> 4．認知的学習（ケーラー）——P.106

> わたしは心理学者を条件づけちゃったの——このボタンを押すたび、彼がえさ粒をもってきてくれるのよ！

「自然」研究の結果、社会的行動、特にコミュニケーションと攻撃性に対する洞察が非常に深まった。

動物社会

　動物の多くは、なぜ社会集団を作るのか？　ひとことでいえば、**生き残る**ためだ！　それは、**個体**が生き残るためでもあり、**種**が生き残るためでもある。

　個体が生き残るためには、**保護**（雨風をしのぐ住みかやえさを得ることも含めて）が必要である。

　種が生き残るためには**生殖**（ふさわしい相手を見つけ、求愛したり交尾したりすることも含めて）と**ほかの者**（特に子孫）**を保護**することが必要である。

　もちろん、これらの大部分は生得的なものであり、とりたてて決断することなく無意識に行われる**本能**である。実際、動物の行動に対して人間の解釈を押しつけることには注意しなければならない。つまり、**擬人化**（「人間に類似したもの」として解釈すること）は避けるべきである。

コミュニケーション

　これら生存のためのプロセスが順調に進むためには、なんらかの**コミュニケーション**が必要である。ふつう、それは視覚、聴覚あるいは嗅覚にうったえる**合図**の形をとる。たとえば、フェロモン（きついにおいのするホルモン）がそうで、雄の蛾は、半マイル離れたところから雌のにおいをかぎ分けることができる！

　合図のなかには、かなり普遍的なものもあるが、なかには種に特有のものもある。

　しかし、コミュニケーションがどれほど複雑であっても、鳥のさえずりであろうが、クジラの鳴き声であろうが、イルカの出す音であろうが、サルの叫びであろうが、きちんとした**統語法**も**文法**も、いまだ発見されていない。したがって、人間のもの以外に、真の「言語」は存在しない、と信じられている。例外になりうるものとして、（聴覚障害者が用いるような）アメリカ式手話を使ったチンパンジーの研究が挙げられる。たとえば、ガードナー夫妻（1971、1975、1978、1983）は「ワッシュー」という名前のチンパンジーに手話を教えた。だが、そのようなコミュニケーションは、どれほど印象的であろうとも、依然として主に模倣であるという批評家もいる（テラス、1979）。

攻撃性

確かに、大部分の動物は、人間の言語の複雑さに比べれば単純なコミュニケーションの形しかもっていないといえるだろう。しかし、自分たちの種を脅かす重いけがや死の危険を避けることに関しては、人間よりずっと優れているかにみえることがよくある！　**社会的促進**は、反社会的行動というより、向社会的行動である（たとえば、あくびをする、ひっかく、目をそらすなど）。

争いが起きたとき、雌の取り合いや、なわばり争いになったとき、動物はたいてい**儀式的攻撃**を行うものである。

　　　一方が脅かすような音をたてたり、ポーズをとったりする。

　　　すると、もう一方は、服従して引き下がり、争いは避けられる。

体が接触するときでも、たとえば、2匹のヤギが頭をぶつけ合うように、体の強い部分を使うので、ふつう、重傷を負うことはない。

実際、殺害、つまり自分と同じ種のメンバーを故意に殺すことはめったにない。ジェーン・グッドールは、野生のチンパンジーを12年以上研究してきて初めて、殺害を目撃したという！

個人差心理学

これは、**心理学上の健康**と**疾病（診断と治療）**に力点を置きながら、**正常**と**異常**を考察するものである。**知能**と**パーソナリティ**の領域において、この問題を考えてみよう。

「正常」とは何か？

リチャード・グロス(1996)は、いくつかの意味を提案している。

1. 統計的定義(価値判断なし)：圧倒的大多数の者（95％）がすることは何でも正常であり、残る少数（5％）は異常とされる（統計上、平均から標準偏差2以上離れているとき）。

2. 基準からの逸脱(価値判断あり)：この場合、正常とは社会的に受け入れられるものを示す。たとえば、同性愛を「異常」「罪深い」「不健全」「病的」「邪悪」「反逆的」「文明に対する脅威」などとする文化がある一方、そのような価値判断をしない文化もある。

3. メンタルヘルスでは、成熟して資質を十分に発揮させた人間の定義を試みている。自分が何を、なぜしているのか、がわかっていること／個人の発達／ストレスに対処する能力／自立／現実の把握／愛し愛される能力／満足できる個人的関係をもつこと、が含まれる（ヤホダ、1958）。

4. 精神障害には、2つの主観的見解が含まれる：

(a)「人は私のことを大丈夫と思っているけれど、本当は悩んでいる」

(b)「私は大丈夫——けれど、人はそう思っていない！」

病名や症状は客観的基準だが、それに自分が当てはまるか、当てはまらないか、という判断は主観的である。

反精神医学者 R・D・レイン（1959、1961）

精神病理学

「病理」とは病気の原因や症状についての理論である。したがって精神病理学は文字どおり「精神の病気」を扱う学問である。今日では「**精神障害**」ということばが好まれる。実際、現在2つの主要な分類システムがある。

1. **ICD**——国際疾病分類。世界保健機関（WHO）が刊行し、第10版のICD-10（1987）は、イギリスなどで使われている。
2. **DSM**——（精神疾患の）診断・統計マニュアル。アメリカ精神医学会が刊行し、第4版のDSM-Ⅳ（1993）は、アメリカなどで使われている。

これらは、非常に似ていて、2つとも、ドイツの精神科医エーミール・クレペリン（1896）の考え方を発展させたものである。生物学的原因による、「器質的」障害に加えて、「神経症」と「精神病」の間の区別が伝統的に行われている。

神経症的
パーソナリティの一部が病気に冒されている。
本人は自覚している。
例：恐怖症、強迫観念、不安

精神病的
パーソナリティ全体が病気に冒されている。
本人は自覚していない。
例：精神分裂症

また、**気分**（「感情」）障害（たとえば抑うつ、躁病）や、反社会的行動（「精神病質」）、依存性などの症状を示す**人格**障害もある。
治療はこの本で紹介した6つの観点のいずれでも行うことができる。「どの治療法がベストか」という疑問があるだろうが、そんな問いかけは、まったく無意味だ。なぜなら必要とされる治療のタイプは、患者の抱えている問題によるところが大きいからだ。それは、ちょうど薬を処方する場合と同じだ。
今日の治療は薬を組み合わせたり心理学的技法を混ぜ合わせたりするなど、**折衷的**になることが多い。

知能

IQ（知能指数）テスト

最初のテストは、フランスの学校で、能力の劣る生徒を識別し援助する目的で使用するために、**アルフレッド・ビネー**（1905）が考案したものである。このテストでは、能力を簡潔に表すために、単純な数字あるいは**指数**を用いた。

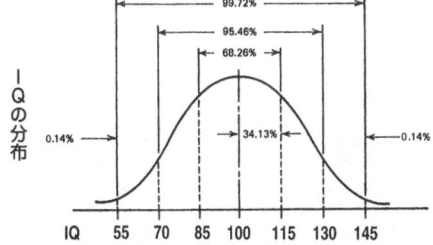

IQ100は、便宜上平均値として定められたもので、正常曲線は点数の分布を示す（標準偏差1は、ふつう約15IQポイントである）。

IQテストは、スタンフォード大学（アメリカ）で1916年から開発が始まったので、「スタンフォード-ビネー」テストと呼ばれる。政府はそれを、軍隊の新兵募集のときに使用した。

今日の学校では、就職や個人の発達測定等のために、多様なIQテストが使用されているが、それにはウェクスラーやアイゼンクの作成したテストも含まれる。

| テスト　IQ質問の例：3 8 12 15 17 ？（答えは171ページ） |

IQ論争

　知能は、おそらく、心理学のなかで最も異論のある話題だ！ IQテストが、特に学校において選別の手段として用いられていることが、原因の一つである。たとえば、(ビネーが意図したように) 子どもたちを援助するといっても、イギリスではごくわずかしか救えなかった。

> おまえは賢い子だ。いい学校に行きなさい。

> ぼくはインテリになる運命なんだ。

> おまえはバカだから悪い学校へ行け。

> 今から、バカだってレッテルを貼られちゃったら大きくなってバカになるしかないじゃないか。

　さらに異論を呼ぶことだが、IQテストは人種間の差異を説明するものとして引用されてきた。たとえば、アーサー・ジェンセン (1969) は、「黒人の検査結果は、白人の平均値を約15ポイント下回る」との結論を出した。ハンス・アイゼンク (1981) は、「IQテストは、検査されるものが属する文化に関係なく有効である……IQの約80％が遺伝的要素で決定されるというモデルは、現実的で妥当だといえる」と断言した。

ＩＱテストの評判を落とし、ひいては自らの評判を落とした心理学者もいる。だが、公平を期するために言っておくが、アイゼンクは次のように強調した。

> 誤りは、知能の重要性を誇張することだ。そのような事実や議論は、人種差別主義者に容易に悪用されてしまうだろう。ひとりひとりが、個人として扱われなければならない。

　最も重要なのは、環境を改善すれば著しくＩＱを向上させることができる、と研究が示していることだ（スキールズ、1966）。いずれにせよ、ＩＱテストは**妥当性がない**として批判されてきた。つまりある一部の能力を検査するに過ぎず、そのほかの能力、たとえば、「現実感覚」や、日常に起こる問題を解決する能力は含まれていないということだ。

　ここで問題となるのは、定義である。「知能とはＩＱテストによって測定されるものだ」──はてしなき議論がなされてきた。ピアジェのように、この堂々めぐりから抜け出そうとした心理学者もいたが、ＩＱテストは依然として支配的なままである。

（169ページのＩＱ質問の答え＝18）

パーソナリティ

「パーソナリティ」(語源はラテン語の「ペルソナ」で、これは役者の仮面という意味)もまた定義しにくく、遺伝か環境かの論争の別の焦点でもある。

類型理論

心理学者のなかには、一般的なパーソナリティの「**類型**」の研究に取り組んできた者もいた。たとえば、C・G・ユングの「**内向性**」「**外向性**」の分類を発展させたハンス・アイゼンクは、さらに「**神経症的**」「**安定的**」という次元を加えて、アイゼンク人格目録という質問紙を作成した。アイゼンクは、パーソナリティは主に遺伝的なものである、と主張した。

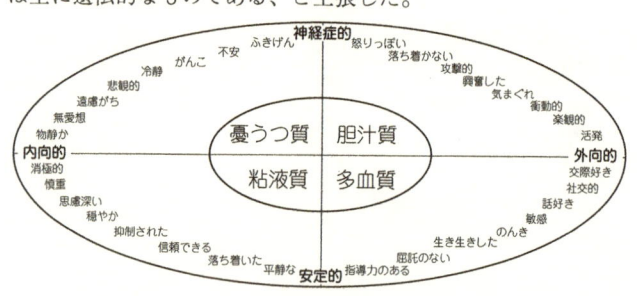

[図: 神経症的—安定的、内向的—外向的の二軸と、憂うつ質・胆汁質・粘液質・多血質の四類型を示す円形図]

また別のよく知られた「類型」理論として、フリードマンとローゼンマン (1959) によるものがある。A型行動パターンの人は、競争心が強く、性急で落ち着きがなく、心臓病やガン等を発症しやすい傾向がある。B型行動パターンの人に、この傾向はない。

特性理論

一方、特徴または「**特性**」という観点から研究を進める心理学者もいる。たとえば、キャッテルが作成した質問紙 (16PF質問紙) によって測定される、16のパーソナリティ因子には (「服従的」-「支配的」、「現実的」-「空想的」) などの因子が含まれる。

このような質問紙は、パーソナリティを量的に測定する**計量心理学的測定法**の基礎となるものである。それを使えるのは有資格者のみで、一般の人々は使用すべきではない。(もっとも、特に雇用者がよく勝手に利用しているようだ。)

今日の心理学

今日の心理学者は、一般的にあらゆる観点を用いるが、一部には、依然として自分の立場にこだわり、偏狭で、ほかの見解を軽蔑する者もある。一方、遺伝か環境かを依然として論ずる者は、ほとんどいない。それは「相互作用説的」見解が示すように、双方とも重要で切り離すことができないからだ。

今日では、そのほかいくつかの重要な見地もある。

フェミニズム（男女同権主義）と人種差別主義

1970年代以降、社会全般に存在する不平等に対しての認識が高まってきた。困ったことに、他の学問同様、心理学でも依然として、中心的な女性や非白人の教師、研究者、著述家が不足している。

> 心理学って、人間の行動を解説するのに、今でも異性愛の白人男性を標準にして、データを比べる傾向があるわね。

> それって、もっと機会を与えられれば価値ある貢献ができる人達に対する道義的問題だけじゃなく、心理学という学問全体のなかで、「白人男性に対する大きなえこひいき」があるってことよね。

フェミニストたちは、こうした問題に気づいて、積極的に発言した。さらに、身体障害者、老人、性的嗜好、動物（種）に対する偏見など、ほかの先入観や不公平を広く世に知らしめたのである。

人間に関する研究の倫理

驚いたことに、心理学者たちが研究の倫理を気づかうようになったのは、比較的最近になってからだ。この動きに一層拍車がかかったのは、人々に多大なストレスを故意に与えたアメリカでのある研究（たとえば、ミルグラムの実験=162ページ）の後のことだった。

行為の規準と倫理的原則が、アメリカ心理学協会（1953、1983）とイギリス心理学会（1978、1985、1990）から出されているが、それは、すべての研究、実践および指導において心理学者が遵守しなければならないものだ。

主な倫理的概念

自由意志によって参加することが、いつでもやめることができる権利をも含めて重要である。

インフォームド・コンセントが、結果を発表することへの承認も含めて被験者から得られるべきである。

被験者をだますことは、避けるべきである。仮に最初の時点でどうしても必要なら、できるだけ早い段階で知らせること。

実験終了後に研究について説明する。必要とあらば、カウンセリングの場が与えられるべきである。

被験者の秘密が守られるべきである。結果を発表する際に匿名にすることも含めて、被験者を特定できないようにすることが必要である。

身体的および精神的危害は避けるべきである。困惑や屈辱を与えたり自尊心を傷つけたりすることも含めて。

心理学者のプロとしての態度が求められる。誠実さや義務感、責任感を失わないこと、ほかの研究者によるモニターなどが必要である。

動物のおいらたちはどうなるの？

動物に関する研究の倫理

動物を研究する理由は、以下のとおりである。
(a) 人間と比較できるほど十分な類似点がある。
(b) 人間に関する同様の研究が、現実的あるいは倫理的に難しい。

これが、「動物に関する研究のパラドックス」を生むことになる。もし、動物が人間と比較できるほど類似しているのならば、人間と同様の苦痛も受けることになるだろう！

過去の動物実験には、明らかに、身体的および精神的苦痛を与えるものがあった。

今日なら、その多くは、法的に認められはしないだろう。

イギリスでは、「動物の科学的処置に関する法律」(1986)およびそのほかの専門的規準（たとえば、イギリス心理学会「研究における動物の使用に関するガイドライン」1985）がある。1986年の「動物に関する法律」では、個々の研究者およびプロジェクトに、厳密な規制を伴った内務省の認可を得ることを条件として求めている。

イギリス心理学会の「ガイドライン」は、研究者が以下のチェックリストにしたがうよう義務づけている。
・不快なことを避ける、あるいは、少なくとも最小限にする。
・内務省調査官および同僚と検討の場をもつ。
・結果として予想される科学的貢献が、生きた動物の使用を正当化するかどうか、また、心理学者が欲している科学的利益が、生きた動物を使用せずに達成できないのかどうか、に関して広く助言を求める。

実際、今日、「心理学的研究における動物の使用は、研究全般における動物の使用数のごくわずかな割合を占めるに過ぎない」（グロス、1996）。

簡潔なガイド──さらに問題を検討し、心理学を応用していくために

1．学問としての心理学

　学問としての心理学は、普通、非常に細分化されており、教育や調査、研究目的も専門化している。本書でも説明したとおり、現在の心理学は、発達心理学、社会心理学、比較心理学、個人差心理学という4つの専門分野からなると考えるのが一般的で、場合によっては、これに認知心理学や生物心理学が加わることがある。

　それぞれの分野には重複部分もあるが、精神力動、行動主義および人間性の各観点は、ふつう独立した分野として扱われないようだ。精神力動は、しばしば発達心理学あるいは個人差心理学に基礎を置く。行動主義も同じくこの2つに含まれそうなものだが、実際には比較心理学に含まれることが多い。人間性アプローチは、しばしば個人差の研究のなかで扱われる。

　ふつう、大学の心理学科は、いくつかの異なる専門分野を学んだ心理学者たちによって構成されている。たとえば、認知心理学を扱う学部では、認知心理学に加えて、生物心理学、発達心理学、個人差心理学の専門家が含まれるだろう。

2．現在の傾向

　特に注目されている分野として、認知心理学と健康心理学の2つがある。

　認知心理学（または、多くの人が好む言い方をすれば**認知科学**）の成果を、問題解決と複雑な思考の研究に応用すれば、非常に多くの問題が解決できるだろうといわれている。こうした成果が期待できるのも、コンピュータを使って調査対象者を直接調査したり、全体分析ができるようになったことが大きい。

　健康心理学の歴史は、比較的浅く、あらゆる観点やほかの分野、とりわけ個人差心理学を応用したものだ。ストレス、近親死、結婚と離婚、自滅的行為（喫煙、アルコール中毒）、性行動等、さ

まざまな問題に対処するために、パーソナリティ理論、精神病理学と心理療法（治療と認められるものはどんなものでも）が使われる。健康心理学のおかげで、われわれは、自己管理と節制によって、自らの健康を維持することができるようになった。健康心理学に関連してよく知られているものに、**スポーツ心理学**があるが、これには、動機づけ、自負心、集団力学等の理論が使われている。

認知心理学と健康心理学の目覚ましい進歩は、ヒトゲノム計画に象徴されるバイオテクノロジーの発達を抜きにして語ることはできない。

3．心理学への要求

心理学に対する要求は、急速に高まりつつある。書籍を筆頭に、心理学を扱うメディアはどれもよく売れる。もっとも、売れるのは主に「大衆心理学」というコーナーにおいてある本だが（嘆かわしい呼び名だが、書店でますますよく使われるようになった）、もちろん、こんなものは、不幸にも簡単に金もうけしようとするはったり屋の手垢で汚れている！　ふつうは、著者紹介や書評などを読めば、その本の価値がわかるはずだ。

大学の心理学部や心理学を専攻科目に定めている学部は、以前にも増して人気が高まりつつある。イギリスでは、心理学は法律に次いで2番目に人気のある課程であり、アメリカでも、企業経営・管理に次いで履修者が多い専攻科目だ。

4．心理学の地位

憂慮すべき問題は、実際上、だれであろうが、資格や経験に関係なく、合法的に自分を「心理学者」と名乗ることができるという事実だ。特に困るのは、自ら「セラピスト」とか「サイコセラピスト」を名乗り（この肩書は誤解を招くし、意味のないものだ）、人を治療しようとする連中だ。

イギリスでは、イギリス心理学会が、自主的に、資格をもって

活動できる会員たちの「公認心理学者名簿」(1990) を作成し、一般の人々がそれをチェックできるようにした。しかし、それはまだ合法的な地位を得るにいたっていない。政府は、医師と同様の資格制度を施行すべきだ。心理学者協会（イギリス心理学会、アメリカ心理学協会、アメリカ心理学会等）は、プロの心理学者たちを組織し、心理学の積極的なイメージを示すために、もっと手を尽くすべきだ。

5．心理学の必要性

近年、現代社会の大部分では、抑うつとストレスによる精神疾患に代表される心の問題が増加しつつある。

全般的な必要性

生活の水準が高くなるに伴って、多くの人が高い期待を（自分に対しても他人に対しても）抱くようになり、すぐにフラストレーションがたまったり、いらいらしたり、失望感を覚えた挙げ句、うつ状態になったりしがちだ。心理学は、そのような社会的な問題を特定し、個人のレベルと制度上のレベルの両面から、その問題に取り組む方法を提案することができる。不幸にも多くの人は、心理学が役に立つことを、いまだにわかっていない。人々に援助と情報を提供し、自助（セルフ・ヘルプ）を奨励するために、もっと手を尽くすべきだ。

教育は、多くの国で子どもたちを見捨てつつあるかに見える。教師も親も問題を確認し、その解決に役立つさまざまな技法を使えるよう、訓練されねばならない。教師の養成にあたっては、教養の向上、理論と応用例の学習（訓練を含めて）、生徒の指導、自立の奨励、責任の受容、自己評価の確立等、もっと多くのことが指導されるべきである。

公共医療サービスは、もっと広い範囲のセラピーを提供できるのではないか。伝統的な医療は、依然として、心理学的所見を考慮せず、薬を処方する傾向にある。リラクセーションとイメージトレーニングの技法を、ストレス関連性の病気を患う人々に提供

し指導すれば、回復を促しそれ以上の悪化を防ぐことができるだろう。心の状態は体の機能に深刻な影響を与えるが、慢性ストレスが免疫システムを弱めるのはその一例である。この点についても、さらに研究する必要がある。

社会の管理が、第三の応用として挙げられる。具体的には、法律の施行、司法機関、刑罰と社会復帰において心理学が応用されるということだ。認知的および人間性アプローチ（たとえば問題解決学習と自己概念の管理）に加えて、行動療法的技法（反対条件づけ療法、嫌悪療法、行動修正療法、モデリング等）を用いれば、多くの行動を変えることができる。

大多数の刑罰制度に関して大きな問題といえるのは、それが非科学的である、ということだ。「行動を変えるものは何か」という問題について、厳密な検証や観察も行われず、憶測ばかりがまかり通っている。「刑罰」が有効に作用しないときでさえ（服役後の出所者の再犯率の高さが示すとおり）、それを改めようという試みはほとんど行われない。いずれにしても、法廷の有罪判決やそのほかの判決は、ふつう、個人的意見や法律に基づく意見、公的強制、社会からの隔離、報復や伝統を寄せ集めたもので、社会復帰を優先して考慮したものではない。

政治的要求

法的制度がたいてい非科学的だという批判は、政治全般に対してもあてはまる。「人々が何を望んでいるのか」そして「彼らにとって何がよいことなのか」について、経験的証拠を手に入れたり理論を検証しようという努力を怠ったまま、非常に多くの仮定がまかり通っている。ここで、新たなアプローチとして、（新しいことばを作るとすれば）「心理政治学」という考えもあるだろう。このアプローチでは、現在の心理学研究と歴史的教訓の双方が役立つ。

もちろん、やり方を誤れば、心理政治学は危険な存在になる恐れがある。政府が、（少なくとも次の選挙に勝てるぐらい）国民の要求をうまく把握し、それに応えることができれば、無限に権力を握ることができるからだ。

だが、積極的側面を考えると、全般的な科学的アプローチと経

験的証拠によって、人間の要求をより深く理解することが、悪法を廃止し時間の無駄をなくす助けとなるだろう。

6．哲学の必要性

学問としての心理学は、初期のころ、哲学と一線を画そうと苦心したにもかかわらず、実際は哲学のある部分と再び結びつくことで恩恵を受けたといえよう。心理学者は、哲学の技法（たとえば論理的推理、正しい議論と誤った議論を見分けること）からだけでなく、意識の定義、精神-肉体論争、思考における信仰の役割、自由意志対決定論、および倫理という哲学における重要な論点から、多くを学ぶことができるだろう。

心理学者は、その職務につきものの大きな責任と道徳的選択に対処できるよう訓練されねばならない。さもなければ、弊害の危険性に気づかず、ただ親切にしようと努めるだけに終わるかもしれない。哲学は、倫理性という非常に現実的な問題に対して、重要な洞察を示してくれる。

7．心理学における経歴

心理学者としての資格を与えられた者は、幅広い分野の仕事に就くことができる。もっとも、大学院の学位、修士号あるいは博士号などの資格をさらに取得せねばならないときもある。

役立つ情報を、さらに手に入れたい人は、次のところまで：
The British Psychological Society, St.Andrew's House, 48 Princess Road East, Leicester, LE1 7DR, UK

時間と労力を惜しまず、心理学をそれなりに深く研究し、その発見を自分の人生や身の回りの人々に活かしたいと望んでいる人も多いかと思う。心理学は、その人たちに非常に多くのことを提供できるはずだ。本書が、心理学というテーマ全体の手引きや概論として役立ち、読者の皆さんがさらに興味をもって研究に励むきっかけになれば、と願っている。

> 私は医師の傍らで恐怖症、抑うつ、不安、悪習慣などさまざまな問題を抱える人の治療を手助けしています。

> 精神力動的、行動主義的なセラピーや認知的モデルに基づいたセラピーなどさまざまな治療法を用いています。

臨床心理学者

> 私は、行動パターンやパーソナリティ類型等を調べることで、警察の犯罪捜査に協力しようと努めています。

法心理学者

> 私は学校に勤務して、行動上に問題のある子どもたちを支援したり、親に対応したりしています！

教育心理学者

> 私の賃金は最低レベルです。だから、暮らしを立てるために余分な仕事（本を書いたり）もしなくちゃならないんです。

心理学講師

訳者あとがき

清水佳苗

　始まりは、ニューヨークのある書店だった。何気なく目をやったコーナーに、イラスト入りの『イントロデューシング・サイコロジー』があった。「ふーん、心理学入門か……」と手に取り、イラストのおもしろさ、そして何よりも、心理学のあらゆる分野がわかりやすい構成で網羅されていることが気に入って購入した。

　それが、この度、講談社ブルーバックスより出版されることになった本書の原書との出会いである。本書の最後にもあるように、心理学に対する要求は、急速に高まりつつある。これは、わが国はもちろん、世界的な規模といえるかもしれない。

　そのような中で、書店に行って『心理学入門』的な本を探してみても、「全体を知りたい」という要求に応えられるものは意外に少ない。心理学の全体像を正しく伝えるために、立場を超えてもっと広い視野で書かれた入門書が、心理学ブームの今こそ必要とされるのではないか。「将来、心理学を勉強したい」人にとっても、(たとえ、その人がいずれの学派を専攻することになっても) 心理学の「全体像」を知っておくことは必須の条件だろう。——そう感じていた私にとって、本書は「これこそ探し求めていた本！」だったのだ。百数十ページの簡潔な文章と、時には吹き出してしまいそうなユーモアにあふれたイラストは、読む人の興味をぐんぐん引きつける。そのおもしろさをうまく日本語でも伝えられれば、と願って努力した。また、これ程幅広い内容がこの簡潔な一冊にまとめられていることに驚きながら、自分も含めてこの本に出会った人はとてもラッキーだ、と感じながら翻訳の作業を進めた。

　多岐にわたる専門的な内容に関しては、各方面を専門になさっておられる多くの先生方にアドバイスをいただいた。また、原著者のベンソン氏も、こちらのさまざまな質問に快くこたえてくださった。この場を借りて、お礼を申し上げたいと思う。

　最後に、心理学の森は広くて深いが、本書を手がかりにして、多くの人が目的地にたどり着ければ、と願っている。

大前泰彦

　昨今の心理学ブームは、老若男女、職域を問わずたいへん広範囲に及んできている。小中高等学校では、スクールカウンセラーが制度化されようとしているし、大学では心理学関係の学部学科が新設されてきている。ビジネスマンの雑誌にも「職場の心理学」などの記事があり、書店の店頭には、「恋愛の心理テスト」のようなタイトルを掲げた若者雑誌がめだつ。
「心理療法を勉強したい」「カウンセラーになりたい」という人も増えてきた。心理学関係の学会に所属する会員数はうなぎのぼりであり、資格を得られる大学院の競争率は高まるばかりである。たいへん人気のある学問になったといえよう。しかし、心理学の守備範囲は極めて広くしかも奥深い。「趣味」として読んだりするのなら別だが、「学問」として学ぼうとしている人や「カウンセリング」等で他の人の生活に影響を与えるような仕事に就こうとする場合は、この奥深さをしっかり認識する必要があるのではないか、と思う。
　　たとえば、不登校について考えるとする。「アンケートをとって分析しても役に立たない」対「心理療法は実証的でないので信用できない」などの低次元の議論は別としても、認知心理学、精神分析、健康心理学、生物心理学、社会心理学等あらゆる観点（パースペクティブ）からみていく必要があるのではないか。心理療法やカウンセリングを勉強している会などに参加すると、このことを痛切に感じる。
　本書はそういう意味で、たいへん網羅的でひとつのパースペクティブに偏ることなく、それぞれの学派の問題点も出しながら平易に解説している。とくに、類書にはあまり見られない社会文化的観点や生物心理学的観点は、今後ますます重要になってくると思われる。
　ブームの一方で、心理学に対する誤解も存在する。青少年向けの雑誌の心理テスト、恋愛の心理などの解説記事には、およそ学問としての心理学の知見とはほど遠い記事が堂々と掲載されている。遊び感覚で読んでいる読者がほとんどだとは思うが、もし本

気でとらえている人がいたらその人も「心理学」もかわいそうである。本書は、心理学の学問としての歴史から、現在の問題点、将来像を明快に述べている。「学問としての心理学」がかくもおもしろいものであったのか、と感じ入るのは訳者だけではないだろう。21世紀はこころの時代である、と言われている。心理学だけがこれに応えることができるなどとはだれも思わないだろうが、19世紀末に「独立」した心理学が20世紀を経て多様化し、21世紀にはさらに学際的になっていくことが予想される。加えて「実践学」としてどの程度応えていくことができるのか、を今以上に問われるようになってくるだろう。本書が、これから心理学を学ぼうとしているみなさんの、最良のガイドブックになることができたら、訳者としてこれ以上のうれしいことはない。「心理」学ではなくて、「心」理学として学んでいって欲しいと思う。

2001年3月20日

〔さらに学問なさる方への読書案内〕

S・A・メドニック著　外林大作・島津一夫　編著『心理学概論』誠信書房

大山　正・岡本夏木・金城辰夫他『心理学のあゆみ』有斐閣

金子隆芳著『色彩の心理学』岩波書店

市川伸一編著『心理測定法への招待』サイエンス社

梅本堯夫・大山　正編著『心理学史への招待』サイエンス社

W・H・ソープ著　小原嘉明他訳『動物行動学をきずいた人々』培風館

今田　寛著『学習の心理学』培風館

御領　謙・菊地　正・江草浩幸著『最新認知心理学への招待』サイエンス社

小嶋秀夫・三宅和夫編著『発達心理学』放送大学教育振興会（NHK出版）

W・デーモン著　山本多喜司編訳『社会性と人格の発達心理学』北大路書房

小川一夫編『新・くらしの社会心理学』福村出版

古川　聡・川崎勝義・福田幸男著『脳とこころの不思議な関係』川島書店

小此木啓吾・馬場謙一編『フロイト精神分析入門』有斐閣

A・H・マスロー著　上田吉一訳『完全なる人間』誠信書房

M・H・シーガル（マーシャル・H）他著　田中國夫・谷川賀苗訳『比較文化心理学（上・下）』北大路書房

佐治守夫・飯長喜一郎編『ロジャーズ　クライエント中心療法』有斐閣

上地安昭編著『学校の時間制限カウンセリング』ナカニシヤ出版

D・L・アローズ／M・A・キャレッセ著　大前泰彦・清水佳苗訳『適応障害の解決』金剛出版

宮田敬一編『ブリーフセラピー入門』金剛出版

ミカエル・デュラン著　市川千秋・宇田　光編訳『効果的な学校カウンセリング』二瓶社

さくいん

<あ>

アイゼンク	138, 168, 169, 170, 171, 172
愛他性	46
アセチルコリン	131
遊び理論	150
アッシュ	157, 161
アドラー	56, 67, 115
アーハ（Ah-Ha）! 現象	106

<い>

意識	57
遺伝学	136, 137
イド	59, 60
異文化間研究	143, 155

<う>

ウェクスラー	169
ヴェーバー	50
ウェリングス	21
ヴェルトハイマー	101, **103**, 104, 107, 109, 117
ヴント	33, 34, 35, 49, 50, 101, 104
ヴント主義者	101

<え>

エアー	41
エインズワース	155
エゴ	59, 60
エストロゲン	135
エディプス・コンプレックス	**63**, 64
エビングハウス	50
エリオット	160
エリクソン	56, 67, 115
エンジェル	54

<お>

応答的行動	84
置き換え	66
オペラント条件づけ	84, **85**, 163
オールポート	115

<か>

学習曲線	79
ガスリー	83, 112
カーミン	138
還元主義	41
観察学習	97
カント	39, 102

<き>

機械的学習	79
機能局在論	123
機能主義	50, **51**, 54, 100, 101
帰納の理論	29
キャッテル	172
キュルペ	50
恐怖症	72, 73, 99, 168
キルケゴール	39
近接の法則	107

<く>

グッドール	166
クライエント	121
クライン	56
クレペリン	168

<け>

ゲシュタルト主義（者）	50, 101, 105

ゲシュタルト心理学	103, 105	3段階訓練法	93
ゲシュタルト心理学者	102, 112, 117	サンプリング	25
血管造影法	128		
結合主義	78	**<し>**	
ケトレ	48		
ケーラー	101, 105, 106, 110, 163	ジェームズ	52, 53, 54, 115
ケリー	157	ジェンセン	170
嫌悪療法	**74**, 77	シカゴ学派	54
元型	64	試行学習	72
現象学	115	試行錯誤	78
		至高体験	117, 119
<こ>		自己概念	122, 157
		自己実現	117, 118, 119, 120
行為の規準と倫理的原則	174	自己実現化	120
効果の法則	79	自然淘汰	44
口唇期	61	実証主義	41
口唇期固着	61	実用主義(的)	53
構成主義	50, 51, 54, 100, 101	シナプス	130
行動主義	54, 80, 101, 115	自発的回復	71
行動主義的観点	**68**	自発的行動	84
行動変容	94	自民族中心主義	142
行動療法	72	社会心理学	13, 34, 142, **157**, 160
肛門期	61, 62	社会的学習理論	96, 105, 163
肛門期固着	62	社会的認知理論	97
功利主義	40	集合的無意識	64
個人差心理学	167	シュトゥンプ	50, 115
古典的条件づけ	69, 163	昇華	66
コフカ	101, 105	条件反射	70
ゴールトン	**47**, 48, 49, 51	小児性愛	74, **77**
ゴールマン	112	ショーペンハウアー	39
コント	41	ジョーンズ	83
コンピュータ・モデル	113	シールズ	138
		人格障害	168
<さ>		新行動主義	99
		新フロイト派	115
再認	149		
サーストン	160		
サックス	22		
サディズム	77		

<す>

スキナー	12,83,**84**,85,86,87,89,90, 91,92,93,94,95,96,99,105,163
スキーマ理論	148
スキールズ	154,171
スーパーエゴ	59,60,64
スピッツ	154
スペリー	126
スペンサー	51

<せ>

正規分布	47,48
精神障害	168
精神病理学	168
精神分析	56,115
精神力動	56
性腺	132,133
性的発達段階	61
正の強化	85,88,**91**,92,93,94
正の相関	23
生物心理学	123
性欲異常	72,74,**75**,76
窃視症	76
セロトニン（5-HT）	131
前意識	57

<そ>

相関関係	23,24,49
ソーンダイク	78,79

<た>

退行	66
ダーウィン	**43**,44,45,47,51
脱感作療法	73,83
ダン	155
段階理論	**144**,147

男根期	61,63

<ち>

超越論	39
調節	148,149,150

<て>

ティチェナー	50,80
ティンベルヘン	163
デカルト	**36**,37,38,39
適者生存	44,45
デューイ	53,54

<と>

同一視	64,65
投影	66
同化	**148**,149,150
洞察（学習理論）	106
同性愛	77,167
ドーキンス	46
特性理論	172
ドナルドソン	147
ドーパミン	131
トラウマ	65
トリアンディス	141
トリプレット	19
トールマン	83,112

<な>

内観	33
内向と外向	64
ナイサー	112
内分泌系	132,133

<に>

ニューマン	138
ニューロン	130

人間性心理学	55, 115, 116, 117, 122
人間中心（クライエント中心）セラピー	121
認知心理学	112, 113, 114, 115

<の>

脳下垂体	132, **133**

<は>

バークリー	38, 68
パーソナリティー	120, 157, 168, 172
罰	91
発達心理学	144
場の理論	110
パブロフ	**69**, 70, 71, 72, 78, 84, 105, 163
ハル	83, 85
ハーロー	154
般化	71
反射	72, 84
反対（逆）条件づけ療法	73
バンデューラ	97, 98, 99, 105, 163

<ひ>

ピアジェ	112, **144**, 147, 150, 152, 171
ピアソン	49
ヒエラルキー	118, 119
非科学的理論	28
比較心理学	163
否認	66
ビネー	169, 170
ヒューム	38, 39, 68

<ふ>

φ（ファイ）現象	103, 104
フェティシズム	75, 77
フェヒナー	50

フェミニズム	173
副腎	132, 133
負の強化	91
負の相関	23
部分強化	85, 86
プラトン	35
フリッチェ	42
フリードマン	172
ブルーナー	112
フルーラン	42
プレグナンツの法則	107
ブレンターノ	50
フロイト	**56**, 57, 58, 59, 61, 64, 67
フロイト（アンナ）	155
フロイト学派	116
ブローカ	42
ブローカ領域	124
プロゲステロン	135
フロム	67
分離脳	126

<へ>

閉合の法則	107
ヘーゲル	39
ヘザリントン	156
ヘブ	123, 130
ベネディクト	117
ヘルムホルツ	50
弁別	71

<ほ>

防衛機制	65
ボウルビー	**153**, 154, 155, 156
ホーナイ	67, 115
ポパー	28, 29, 67
ホフシュテッド	141
ボボ人形の実験	97

<ま>

マキンタイア	20
マクガリグル	147
マズロー	**117**, 119, 120
マゾヒズム	77

<み>

ミード	143
ミュラー	42, 50, 115
ミラー	112
ミルグラム	162
ミル(ジョン・スチュアート)	40, 41
ミル(ジェームズ)	40

<む>

無意識	57, 65
無相関	23

<も>

モデリング	98, 99
モノトロピー	153, 155
模倣	98, 106, **150**
問題児	92

<ゆ>

ユング	56, 64, 67, 115, 172

<よ>

抑圧	65

<ら>

ラカン	56
ラター	156

<り>

リッカート	160
リビドー	58, 65, 66

<る>

類型理論	172
類同の法則	107
ルーチンス	158

<れ>

レイン	167
レヴィン	110, 111
連合主義	38, 39, 68, 78, 79
練習の法則	79
連続の法則	107

<ろ>

ロジャーズ	119, **120**, 121, 122
ローゼンマン	172
ロック	38, 68
ロッター	96
ローレンツ	163

<わ>

ワトソン	12, **80**, 81, 82, 83, 96

<欧文>

CTスキャン	128
DSM	168
ICD	168
IQテスト	138, **169**, 170, 171
MRI	129
PETスキャン	129

N.D.C.140　190p　18cm

ブルーバックス　B-1323

マンガ 心理学入門
現代心理学の全体像が見える

2001年 3 月20日　第 1 刷発行
2025年 4 月 8 日　第22刷発行

著者	ナイジェル・C・ベンソン
訳者	清水佳苗
	大前泰彦
発行者	篠木和久
発行所	株式会社講談社
	〒112-8001 東京都文京区音羽2-12-21
電話	出版　03-5395-3524
	販売　03-5395-5817
	業務　03-5395-3615
印刷所	(本文表紙印刷) 株式会社 K P S プロダクツ
	(カバー印刷) 信毎書籍印刷株式会社
本文データ制作	講談社デジタル製作
製本所	株式会社 K P S プロダクツ

定価はカバーに表示してあります。
Printed in Japan
落丁本・乱丁本は購入書店名を明記のうえ、小社業務宛にお送りください。
送料小社負担にてお取替えします。なお、この本についてのお問い合わせ
は、ブルーバックス宛にお願いいたします。
本書のコピー、スキャン、デジタル化等の無断複製は著作権法上での例外
を除き禁じられています。本書を代行業者等の第三者に依頼してスキャン
やデジタル化することはたとえ個人や家庭内の利用でも著作権法違反です。

ISBN4-06-257323-7

発刊のことば

科学をあなたのポケットに

二十世紀最大の特色は、それが科学時代であるということです。科学は日に日に進歩を続け、止まるところを知りません。ひと昔前の夢物語もどんどん現実化しており、今やわれわれの生活のすべてが、科学によってゆり動かされているといっても過言ではないでしょう。

そのような背景を考えれば、学者や学生はもちろん、産業人も、セールスマンも、ジャーナリストも、家庭の主婦も、みんなが科学を知らなければ、時代の流れに逆らうことになるでしょう。

ブルーバックス発刊の意義と必然性はそこにあります。このシリーズは、読む人に科学的に物を考える習慣と、科学的に物を見る目を養っていただくことを最大の目標にしています。そのためには、単に原理や法則の解説に終始するのではなくて、政治や経済など、社会科学や人文科学にも関連させて、広い視野から問題を追究していきます。科学はむずかしいという先入観を改める表現と構成、それも類書にないブルーバックスの特色であると信じます。

一九六三年九月

野間省一